AVANT,
PENDANT ET APRÈS,

Esquisses historiques,

PAR MM. SCRIBE ET DE ROUGEMONT;

REPRÉSENTÉES POUR LA PREMIÈRE FOIS A PARIS, SUR LE THÉATRE DE MADAME, PAR LES COMÉDIENS ORDINAIRES DE SON ALTESSE ROYALE, LE 28 JUIN 1828.

> .... Goûtons à l'abri du trône et des lois cette liberté sage et modérée que tous nos vœux appelaient depuis quarante ans.
> *Scène dernière.*

NOUVELLE EDITION.

PRIX : 3 FRANCS.

PARIS.
Chez les Éditeurs du Théâtre de M. Scribe.
BEZOU, LIBRAIRE, BOULEVARD SAINT-MARTIN, n° 29;
AIMÉ ANDRÉ, QUAI MALAQUAIS, n° 13.
1828.

AVANT,
PENDANT ET APRÈS,
ESQUISSES HISTORIQUES.

AVIS DES ÉDITEURS.

La pièce d'AVANT, PENDANT ET APRÈS, étant notre propriété exclusive, ne pourra jamais être publiée que par nous, soit séparément, soit dans le théâtre de M. SCRIBE.

THÉATRE
D'EUGÈNE SCRIBE,

HUIT VOL. in-8°, PRIX : 7 FR. LE VOLUME.

DEPUIS long-temps le public désirait trouver réunies les pièces de M. Scribe, qui compte au théâtre de si brillans succès; nous croyons donc être agréables aux amateurs en publiant cette édition in-8°, imprimée avec le plus grand soin, sur très beau papier fin satiné, revue par M. Scribe lui-même, et contenant des notes de l'auteur et des passages supprimés par la censure.

Ces avantages, que les amateurs apprécieront, assurent à notre entreprise tout le succès qu'elle mérite, et feront placer cette collection dans toutes les bibliothèques.

Les quatre premiers volumes sont en vente, ils contiennent trente-six pièces; deux autres sont sous presse et paraîtront dans le courant d'octobre. Les suivans se succéderont sans interruption.

On souscrit :

CHEZ BEZOU, BOULEVARD SAINT-MARTIN, N° 29.
AIMÉ ANDRÉ, QUAI MALAQUAIS, N° 13.

AVANT,
PENDANT ET APRÈS,

Esquisses historiques,

PAR MM. SCRIBE ET DE ROUGEMONT;

REPRÉSENTÉES POUR LA PREMIÈRE FOIS A PARIS, SUR LE THÉÂTRE DE MADAME, PAR LES COMÉDIENS ORDINAIRES DE SON ALTESSE ROYALE, LE 28 JUIN 1828.

> .... Goûtons à l'abri du trône et des lois cette liberté sage et modérée que tous nos vœux appelaient depuis quarante ans.
> *Scène dernière.*

CINQUIÈME ÉDITION.

PARIS.
Chez les Éditeurs du Théâtre de M. Scribe.
BEZOU, LIBRAIRE, BOULEVARD SAINT-MARTIN, n° 29;
AIMÉ ANDRÉ, QUAI MALAQUAIS, n° 13.
1828

PERSONNAGES.	ACTEURS.
La Duchesse de SURGY.	Mme Julienne.
Le Marquis de SURGY, son fils.	M. Dormeuil.
Le Chevalier de SURGY, son fils.	M. Gontier. M. Perrin.
Le Vicomte de la MORLIÈRE.	M. Ferville.
ALFRED de SURGY.	M. Allan.
DERNEVAL, avocat.	M. Paul.
GOBERVILLE, procureur.	M. Klein.
GÉRARD.	M. Numa.
JULIE.	Mme Théodore.
MORIN.	M. Legrand.
Un Commandant de Patrouille.	M. Bordier.
Un Crieur public.	M. Chalbos.

La scène se passe au premier acte dans l'hôtel de la duchesse de Surgy; au second acte dans la boutique de Gérard; au troisième acte dans l'hôtel du général comte de Surgy.

Vu au ministère de l'intérieur, conformément
à la décision de Son Excellence,
Paris, le 24 juin 1828.
Par ordre,
Le chef du bureau du théâtre.
COUPART.

Imprimerie de E. DUVERGER, rue de Verneuil, n° 4.

AVANT, PENDANT ET APRÈS,

ESQUISSES HISTORIQUES.

AVANT.

COMÉDIE.

Le théâtre représente un riche salon ; une table à droite.

SCÈNE PREMIÈRE.

LA DUCHESSE, LE VICOMTE, LAQUAIS.

LA DUCHESSE, *aux laquais* [1].

Portez ces porcelaines du Japon chez la maréchale. — Envoyez ce billet chez M{*lle*} Bertin, ma marchande de modes... Cette lettre à mon notaire... et dès que mon homme d'affaires Goberville rentrera, vous lui direz de venir me parler. — Eh bien ! vicomte, qu'est-ce que vous disiez donc de l'OEil-de-Boeuf?

LE VICOMTE.

Mon frère en arrive... il y a eu une promotion du diable... soixante lieutenans-généraux, deux cents maréchaux-de-camp. — La marquise d'Albe a eu pour sa part quatre lieutenans-généraux : aussi la baronne de Versac est-elle outrée ! — Elle n'a pu avoir que deux maréchaux-de-camp, son neveu, et son cousin. Saint-Paul, pour la calmer, lui a promis trois brigadiers de cavalerie à la

---

[1] Le premier acteur inscrit tient en scène la gauche du spectateur.

première liste... Mais est-ce que le duc et le marquis n'ont pas quelque chose là-dedans?

LA DUCHESSE.

Le duc est à Versailles... j'attends de ses nouvelles ce matin... quant à mon fils le marquis, il traite en ce moment d'un régiment bleu, qu'on veut lui vendre cent mille livres.

LE VICOMTE.

C'est le prix... je l'ai vu... beaux hommes, bien tenus. C'est une propriété qui lui fera beaucoup d'honneur.

LA DUCHESSE.

Mais le voici.

SCENE III.

LES PRÉCÉDENS, LE MARQUIS, puis GOBERVILLE[1].

LE MARQUIS, *baisant la main de sa mère.*

Voici, madame, M. Goberville votre procureur, qui désire vous parler... homme fort utile, qui nous rend de grands services, (*au vicomte.*) et nous vend l'argent au poids de l'or. (*à la duchesse.*) Est-ce que vous lui faites aussi l'honneur de puiser dans sa bourse?

LA DUCHESSE.

Non, marquis... il s'agit d'affaires de famille.

GOBERVILLE.

Madame la duchesse, j'ai l'honneur de vous présenter mes très humbles respects... monsieur le marquis... monsieur le vicomte... (*Il s'incline trois fois.*)

LA DUCHESSE, *à Goberville.*

Approchez... Eh bien! Goberville, mes ordres ont-ils été exécutés? (*Pendant que la duchesse parle à Goberville, le marquis et le vicomte vont au fond du théâtre, où ils parlent bas.*)

GOBERVILLE.

Avec la ponctualité la plus scrupuleuse... madame la duchesse connaît mon zèle.

LA DUCHESSE, *bas à Goberville.*

Le mariage?...

---

(1) La duchesse, le marquis, le vicomte; Goberville en arrière sur la droite.

GOBERVILLE, *bas à la duchesse.*

Célébré de jeudi matin. (*La duchesse témoigne sa satisfaction.*)

LA DUCHESSE, *bas.*

Il y a eu de la résistance... des pleurs...

GOBERVILLE.

La jeune fille s'est désolée... elle a pleuré... D'abord, elle ne voulait point croire aux lettres que je lui exhibais... mais enfin, après les regrets, les larmes le désespoir... la pauvre petite s'est sacrifiée de la meilleure grace du monde.., elle était gentille, (*soupirant ridiculement.*) ah ! si je n'avais pas été marié, je vous aurais demandé la préférence.

LA DUCHESSE, *s'éloignant de Goberville.*

Me voilà plus tranquille... et maintenant elle peut compter sur ma protection. (*Elle s'approche de la table. Goberville s'approche du marquis.*)

LE MARQUIS, *bas à Goberville.*

Mon argent, fripon ?

GOBERVILLE, *de même.*

Si vous saviez ce qu'il me coûte. Voilà trois cents louis.

LE MARQUIS, *se rapprochant de sa mère.*

Mon billet était de cinq cents.

LE VICOMTE, *à Goberville.*

Et notre homme ?

GOBERVILLE, *au vicomte.*

Le sergent recruteur m'a chargé de vous dire que c'était une affaire faite... Racolé d'hier soir... Il sera expédié demain pour sa garnison. (*Il passe à la gauche du vicomte.*)

LA DUCHESSE.

Ne vous éloignez pas, marquis.... je passe avec Goberville dans mon cabinet, et j'aurai bientôt à vous parler, ainsi qu'à votre frère le chevalier, que je vois avec peine donner dans les idées nouvelles.

GOBERVILLE.

C'est un singulier jeune homme.... il affecte une sagesse, une réserve...; pas un sou de dettes sur le pavé de Paris.

LE VICOMTE.

C'est qu'il a quelques défauts cachés.... Il faut que je le convertisse.

(*La duchesse sort; Goberville la suit.*)

SCÈNE II.

LE MARQUIS, LE VICOMTE.

LE MARQUIS.
Où donc étais-tu hier, vicomte ? nous t'avons attendu
LE VICOMTE.
J'ai soupé avec la Saint-Huberti... nous étions là une demi-douzaine de philosophes titrés, qui avons moralisé toute la nuit autour d'un tapis vert.... Voisenon nous a chanté des couplets charmans de Favart..... Sophie Arnoult était tout esprit, et moi tout oreilles.
LE MARQUIS.
On a joué?
LE VICOMTE.
Pour passer le temps.
LE MARQUIS.
Tu as perdu ?
LE VICOMTE.
Une bagatelle...... mille écus...... c'est-à-dire, nous sommes deux qui les avons perdus, moi, et celui qui me les a gagnés.
LE MARQUIS.
Tu n'as pas d'ordre, vicomte.
LE VICOMTE.
Je ne sais pas comment je fais..... j'ai quarante mille livres de rente; je fais à peu près pour autant de dettes par an, ce qui me complète un revenu de quatre-vingt mille francs... eh bien! je suis gêné.
LE MARQUIS.
Est-ce que tes créanciers veulent te faire décréter ?
LE VICOMTE.
Je ne m'en inquiète pas.... mais ces drôles-là s'avisent de perdre patience...Après cinq ou six ans!.. ils prétendent que je jette mon argent par les fenêtres.... Il faudra que je leur fasse prendre ce chemin-là, pour courir après. Mais toi, marquis.... est-ce que tu te jettes dans la réforme ?

LE MARQUIS.
Cette petite Julie me tourne la tête.... j'en suis fou.

LE VICOMTE.

Sérieusement?

LE MARQUIS.

Tu l'as vue ici ; et toi-même tu en étais enchanté..... fille d'un négociant qui avait eu le bonheur d'être utile à notre famille..... orpheline dès son bas âge, Julie a été recueillie par les soins de la duchesse.... elle a passé son enfance avec ma sœur, mon frère et moi.... il s'est établi entre nous une certaine familiarité, tout en gardant les distances, qui m'a permis d'apprécier son charmant caractère... Julie a dix-huit ans... je n'ai jamais vu de traits plus gracieux... Je pensais que l'habitude de vivre dans le grand monde la disposerait à m'écouter favorablement... mais, soit un reste de timidité bourgeoise dont elle n'a pu se défaire entièrement, soit l'ascendant qu'exerce encore sur elle son frère, espèce de mauvais sujet, qui affecte des idées d'honneur, d'indépendance...

LE VICOMTE.

Tout le monde s'en mêle.

LE MARQUIS.

Julie n'a pas reçu l'aveu de mon amour avec cette reconnaissance que son éducation me faisait espérer... Elle a des principes... et puis ce frère, M. Raymond, qui ne la quitte pas d'un moment, trouve mauvais qu'on fasse la cour à sa sœur.

LE VICOMTE.

Il ne te gênera plus.

LE MARQUIS.

Comment?

LE VICOMTE.

Avant hier soir il a été racolé sur le quai de la Ferraille, et demain on le fera partir pour Thionvile, où le régiment de Brie est en garnison.

LE MARQUIS.

Mais c'est charmant... me voilà débarrassé d'un surveillant très incommode... Abandonnée à elle-même, une jeune fille ne résiste point aux séductions du rang, de l'opulence, et surtout au langage d'une passion véritable. Oh! je l'aime... il y a un mois que la duchesse l'a envoyée auprès de ma sœur, à la campagne, et depuis qu'elle n'est plus à Paris, j'y pense à tout moment... je serais, d'honneur! le plus malheureux des hommes, s'il fallait renoncer à la possession de l'adorable Julie.

LE VICOMTE.

Voici le chevalier.

SCENE IV.

LES PRÉCÉDENS, LE CHEVALIER [1].

LE CHEVALIER.
Ah! mon frère, je vous trouve à propos. Je viens vous demander un service.
LE MARQUIS.
Un service!... à moi, chevalier... c'est la première fois que tu mets mon amitié à l'épreuve... parle, que désires-tu?... je suis tout à toi.
LE CHEVALIER.
Vous partagerez mon indignation.... le jeune Raymond, le frère de Julie, victime d'un complot affreux... vient d'être enrôlé par force, par ruse... il est soldat!
LE MARQUIS.
Je t'en demande pardon... mais je ne vois pas ce qu'il y a de fâcheux là-dedans.
LE CHEVALIER.
Comment! un misérable privera de sa liberté un homme honnête... il abusera de sa crédulité, de son ignorance pour lui faire contracter un engagement!...
LE VICOMTE.
Et comment tiendrait-on les régimens au complet?
LE MARQUIS.
Tout ce que je puis faire, c'est de le recommander à son colonel.
LE CHEVALIER.
Quoi! mon frère...
LE MARQUIS.
Que Raymond serve... il est fait pour cela... qu'y a-t-il de déshonorant à servir?
LE CHEVALIER.
Rien.... si tout le monde partageait le sort de Raymond.
LE VICOMTE.
Vous voudriez qu'un gentilhomme tirât à la milice?
LE CHEVALIER.
Pourquoi pas?... la profession des armes a besoin d'être honorée par ceux qui l'exercent... on dirait, à la

(1) Le chevalier, le marquis, le vicomte.

façon dont l'armée se recrute, que l'état de soldat est une punition réservée aux mauvais sujets du royaume, ou un piége tendu aux pauvres diables.
LE MARQUIS.
Mais en vérité, chevalier, voilà des idées toutes singulières... prenez-y garde.

SCENE V.

LES PRÉCÉDENS, LA DUCHESSE, GOBERVILLE.

LA DUCHESSE, *à Goberville.*
C'est bien, je suis contente, et ne vous oublierai pas.
LE CHEVALIER [1].
Ma mère, vous avez désiré me voir, et je m'empresse d'obéir à vos ordres...
LA DUCHESSE, *aux laquais.*
Des siéges.—(*les laquais approchent les fauteuils.—Au vicomte qui veut sortir.*) Vicomte, vous êtes l'ami de la famille, et à ce titre vous pouvez prendre place... (*au marquis et au chevalier.*) Asseyez-vous... (*on s'assied. — Goberville reste debout derrière le chevalier.*) M. le duc votre père, qui est à Versailles, et qui ne cesse de penser à l'agrandissement de sa famille, vient de m'envoyer ses ordres... il a fixé d'une manière irrévocable le sort de ses enfans.... votre sœur entre définitivement au couvent.
LE CHEVALIER.
Quoi! ma sœur...
LA DUCHESSE.
Ne m'interrompez pas.
LE CHEVALIER, *à part.*
Pauvre Ernestine!
LE VICOMTE.
La mienne a pris ce parti-là.
LA DUCHESSE, *au marquis.*
Mon fils, le roi vous donne en propriété le premier régiment de cavalerie étrangère qui vaquera au dépar-

---

(1) Le chevalier, la duchesse, le marquis, le vicomte. Goberville est derrière le chevalier.

tement de la guerre... En attendant, le prince de Montbarey vous attache à la cavalerie hongroise.
LE MARQUIS.
Ah! madame...
LA DUCHESSE.
Et vous épousez le plus riche parti de France... mademoiselle de la Morandière, que nous avons le bonheur de recevoir aujourd'hui avec toute sa famille .. C'est en son honneur que le bal de ce soir a lieu.
LE VICOMTE, *au marquis.*
Belle hypothèque pour tes créanciers.
LE MARQUIS.
Ces coquins-là ont un bonheur!...
LA DUCHESSE.
Grace à cette dot immense, le procureur Goberville se charge de dégrever nos biens, de tout libérer.
LE CHEVALIER.
Cela sera d'autant plus facile à monsieur, que c'est lui qui, depuis long-temps, embrouille nos affaires domestiques.
LE VICOMTE.
Il faut bien que quelqu'un s'en charge... on n'a pas une fortune pour la gérer soi-même... vous ne voudriez pas qu'un gentilhomme fît ses affaires en personne.
LE CHEVALIER.
Où serait donc l'inconvénient?
GOBERVILLE.
Pure plaisanterie... Monsieur le chevalier sait trop ce qu'il se doit à lui-même, pour descendre jusque là.
LA DUCHESSE.
Pour vous, mon fils, votre père ne vous a point oublié... ne pouvant rien distraire de nos biens, qui reviennent tous à votre aîné, le duc vous a placé dans une situation qui concourra à l'illustration de notre famille, et à votre avantage personnel... vous serez chevalier de Malte.
LE VICOMTE.
Il y a des chevaliers qui sont devenus grands-maîtres... c'est une perspective.
LE CHEVALIER.
Madame, je sens ce que je dois à vos bontés... à celles de mon père... La carrière qu'il m'ouvre a ce qu'il faut pour satisfaire une ame ambitieuse... mais il m'est impossible de la suivre.

LA DUCHESSE.

Plaît-il?

LE CHEVALIER.

Privé de la fortune de mon père, je veux m'en créer une par mon travail, mes spéculations, mon industrie.

LA DUCHESSE.

Qu'osez-vous dire, mon fils!

LE VICOMTE.

Un gentilhomme négociant!

LE CHEVALIER.

Pourquoi non? le préjugé qui me prive des biens de mon père me forcera-t-il à mourir d'orgueil et de misère?... Ce n'est point parce qu'il me froisse, mais je ne saurais concevoir cet usage barbare, qui dépouille les enfans d'un même père pour en enrichir un seul... pourquoi ce partage injuste, qui donne tout à l'un, enlève tout aux autres? Ma sœur et moi, sommes sacrifiés à mon frère... et cependant nous sommes, comme lui, vos enfans... nous sommes votre sang; nous avons droit aux mêmes avantages... et croyez bien qu'il n'est pas question de la fortune... les biens me tentent peu; mais par cela même que tout l'avenir de la famille repose sur lui, qu'il doit en continuer, en transmettre l'illustration, l'aîné devient souvent l'unique objet de la tendresse paternelle... on l'accable seul des noms les plus tendres... et lui-même s'accoutume tellement à cette injuste exception, qu'il dédaigne ses frères, ses sœurs... ce ne sont à ses yeux que des étrangers dont il se détache, ou des esclaves dont il se fait le protecteur. (*Il se lève.*)

LA DUCHESSE, *se levant.*

Mon fils!

LE MARQUIS, *se levant.*

Chevalier!...

LE CHEVALIER.

Et lorsqu'une fois les liens du sang sont rompus... qui sait jusqu'où peut aller le ressentiment de celui qu'on repousse, qu'on humilie... la patience manque souvent aux opprimés. Les divisions domestiques sont affreuses. Deux frères... réduits à se haïr.

LE MARQUIS, *allant au chevalier.*

Se haïr!

(*Les laquais retirent les sièges.*)

LE CHEVALIER, *prenant la main du marquis.*

Moi je ne demande pas mieux que de t'aimer.

2

LA DUCHESSE.

Voilà le fruit de vos lectures philosophiques... C'est là l'éternel langage des savans, des auteurs au milieu desquels vous passez votre vie. (*Elle passe auprès du chevalier.*)

LE CHEVALIER.

Pourriez-vous m'en blâmer, madame; mon père les protége.

LA DUCHESSE, *passant auprès du chevalier.*

Il les protége... mais il ne les fréquente pas... Un gentilhomme doit tenir son rang... Mais d'après tout ce que je vois... je ne serais point étonnée d'apprendre un jour (*regardant le chevalier.*) que monsieur se mêlât d'écrire.

LE VICOMTE.

Ah! madame... le chevalier a trop de naissance pour cela.

LE CHEVALIER.

Que dites-vous donc, vicomte?... La littérature compte des noms illustres parmi nous; Buffon, Lauragais, Choiseul, Boufflers, Florian, écrivent..... et voilà bientôt soixante ans que le duc de Richelieu est de l'Académie française.

LE VICOMTE.

C'est une folie de jeunesse... Au reste, il sait parfaitement ce qu'il se doit à lui-même; car j'ai reçu, avant hier, un billet du vieux maréchal, qui ne ressemble en rien à ceux de ses confrères de l'Académie... Nous avons aussi notre orthographe, nous autres.

LE CHEVALIER.

Croyez, madame, que mes liaisons ne me feront point oublier ce que je dois à mon nom, et que mes lectures n'altéreront jamais mon respect pour ma mère... Je puis vous le prouver à l'instant même... daignez m'accorder un moment d'entretien... j'essaierai de dissiper vos préventions... et après m'avoir entendu, vous déciderez vous-même de mon sort. (*Le marquis et le vicomte sortent. Goberville sort après eux.*)

SCENE VI.

LE CHEVALIER, LA DUCHESSE.

LA DUCHESSE, *à son fils.*

Je vous écoute.

LE CHEVALIER.

Victime d'un ordre de choses qui me prive de tous les avantages accordés à mon frère, je me suis depuis long-temps résigné à la distance que le sort a mise entre nous... Je pardonne au marquis sa fortune, ses titres, et je ne sollicite de vos bontés, que la permission de vivre obscur, et peut-être heureux.

LA DUCHESSE.

Est-ce là cette soumission dont vous me parliez?

LE CHEVALIER.

Mon cœur renferme un secret dont je vous dois l'aveu... la compagne, l'amie de ma sœur, cette jeune et intéressante orpheline que vous avez recueillie dans votre hôtel, et dont vous faisiez si souvent l'éloge...

LA DUCHESSE, *souriant.*

Julie!...

LE CHEVALIER.

Je n'ai pu la voir sans l'aimer; tant de vertus, de graces, de talens m'ont inspiré l'amour le plus sincère... Daignez m'accorder la main de Julie... Si vos regards sont blessés par cet hymen... dès que je serai son époux, nous partirons... nous quitterons la France.

LA DUCHESSE, *froidement.*

Cette union est impossible.

LE CHEVALIER.

Julie connaît et partage mon amour... le Ciel a reçu nos sermens.

LA DUCHESSE.

Je vous le répète, chevalier, cette union est maintenant impossible, et vous en connaîtrez bientôt vous-même les raisons... Mon fils, on ne met point en défaut la vigilance maternelle... cette folle passion que vous avez cru me cacher, j'en ai suivi tous les progrès, j'en ai calculé les dangers, j'en ai prévenu les suites..... et ma prudence a élevé entre vous et Julie une barrière insurmontable.

LE CHEVALIER.
Que dites-vous, ma mère?
LA DUCHESSE.
Vous me remercierez un jour du parti que j'ai pris... Croyez-moi, mon fils, n'irritez point le duc par une résistance inutile, et soumettez-vous aux ordres de votre père.
(*La duchesse sort.*)

SCENE VII.

LE CHEVALIER, *seul.*

Me soumettre!... ah! quand je le voudrais... Mais quelle est donc cette barrière que la volonté de ma mère a opposée à mon amour?... Aurait-elle forcé Julie à s'immoler avec ma sœur?... le même lieu serait-il destiné à ensevelir ces deux victimes de l'orgueil et de l'ambition?

SCENE VIII.

LE MARQUIS, LE CHEVALIER.

LE MARQUIS.
J'attendais le départ de ma mère pour te gronder... La façon dont tu t'es exprimé m'a fait une peine... Est-ce ma faute à moi, chevalier, si j'hérite des biens de la famille?.. C'est un ordre, un usage établi auquel j'ai dû me conformer. Mais il se présente une circonstance merveilleuse pour te rendre aussi riche que moi.
LE CHEVALIER.
Merci, mon frère... gardez les biens qui vous attendent.
LE MARQUIS.
Il ne s'agit pas de ceux-là... épouse l'héritière qu'on me propose?
LE CHEVALIER.
Moi!
LE MARQUIS.
Il y a cent cinquante mille livres de rente... la jeune personne n'a rien de désagréable... quant à son carac-

tère... elle a un fort beau château en Normandie, où elle peut se retirer... et une fois mariés, vous ne vous verrez plus, si cela vous fait plaisir.

LE CHEVALIER, *souriant*.

Voilà un bonheur conjugal tout-à-fait digne d'envie... Mon frère, si j'étais encore libre, je ne voudrais pas d'un mariage où le cœur ne serait pour rien... jugez si je puis l'accepter quand j'aime.

LE MARQUIS.

Moi aussi, j'aime... mais ce n'est pas une raison... tous les jours, on aime une jeune fille, et on épouse une demoiselle.

LE CHEVALIER.

Je respecte, j'honore celle que j'aime... jamais on ne fut plus digne d'estime que Julie.

LE MARQUIS.

La pupille de ma mère?

LE CHEVALIER.

J'ai juré qu'elle serait ma femme, et je tiendrai parole.

LE MARQUIS.

Y penses-tu, chevalier?.. Que cette jeune fille ait été l'objet de tes soins... qu'elle t'ait inspiré, comme à moi, le desir de lui plaire, à la bonne heure... mais l'épouser...

LE CHEVALIER.

Quelui reprochez-vous?.. son peu de fortune... n'est-il pas une suite des sacrifices faits par son père à notre famille?.. son éducation?.. elle a partagé celle de ma sœur.

LE MARQUIS.

Et sa naissance?.. Non, chevalier, tu ne nous affligerais pas par une telle mésalliance... Moi aussi, je n'ai pu me défendre des attraits de Julie : je l'adore; mais le ciel m'est témoin que je n'ai jamais songé à l'épouser.

LE CHEVALIER.

Vous vouliez la séduire?

LE MARQUIS.

L'honneur de ma famille avant tout.

LE CHEVALIER, *s'échauffant*.

Et c'est en préparant le malheur, l'opprobre d'un être vertueux, sans défense, que vous prétendez honorer le nom de vos aïeux?

LE MARQUIS.

Chevalier, ce langage...

LE CHEVALIER, *furieux*.

Voilà donc les prérogatives du rang... les nobles desseins du marquis de Surgy!.. Ah! ne vous y trompez pas... votre sang paierait l'outrage fait à Julie.

LE MARQUIS.

Silence, chevalier... on vient... c'est le fils de notre fermier.

SCÈNE IX.

LES PRÉCÉDENS, GÉRARD [1].

GÉRARD.

Pardon, messieurs... je vous dérange... vous étiez en affaires.

LE CHEVALIER, *se remettant*.

Non... non, Gérard... tu ne pouvais venir plus à propos.

LE MARQUIS.

Eh bien! et ton père, nos fermes, nos vassaux, nos troupeaux?..

GÉRARD.

Monsieur le marquis, vous êtes bien bon. Mon père, malgré son grand âge, travaille encore beaucoup à la terre, et se porte à merveille; vos fermes sont dans le meilleur état; M. le duc vient d'en renouveler le bail à mon père et à mon frère aîné; et quant à moi, il vient de m'arriver un bonheur... Dieu bénisse Mme la duchesse et toute sa famille.

LE CHEVALIER.

Un bonheur, Gérard, et tu n'en as encore rien dit à ton frère de lait...

GÉRARD.

Monsieur le chevalier, c'est que ce bonheur-là m'est venu comme un coup de foudre... il s'agit pour moi d'un établissement.

LE CHEVALIER.

C'est une bonne affaire?

GÉRARD.

Ah! c'est mieux que je ne méritais.

(1) Le marquis, Gérard, le chevalier.

LE MARQUIS.
Quelque bonne grosse fermière bien à son aise...
GÉRARD.
Non, M. le marquis, une brave et digne demoiselle, sans fortune; mais à laquelle je n'aurais jamais osé prétendre... et me voilà à Paris, où, comme je vous l'ai dit, je viens m'établir avec la protection de Mme votre mère... Je loge là, derrière l'hôtel Surgy...
LE CHEVALIER.
Je t'en fais compliment. Et comment cela est-il arrivé?
GÉRARD.
Vous savez qu'il y a environ un mois, Mlle Ernestine, votre sœur, vint habiter le château de Saint-Maurice... Elle avait avec elle une jeune demoiselle.
LE MARQUIS ET LE CHEVALIER.
Julie!
LE CHEVALIER.
Achève..
GÉRARD.
Oui, monsieur... elle était si jolie... si aimable, que je l'aimais rien qu'à la voir... mais pour y penser... je n'aurais jamais osé... si ce brave M. Goberville, votre intendant, qui alors était au château, n'en avait écrit à madame votre mère, qui m'a donné une dot, son consentement... la promesse d'un établissement : et, depuis jeudi dernier... nous sommes mariés.
LE CHEVALIER.
Mariés!...
GÉRARD.
A la paroisse de Saint-Maurice, par le chapelain de la duchesse.
LE CHEVALIER, *à lui-même, à mi-voix.*
Je comprends maintenant les paroles de ma mère : j'ai élevé une barrière insurmontable...
LE MARQUIS, *à part.*
Ah! ce drôle de Goberville se mêle de ces intrigues-là!
GÉRARD.
Mon bon monsieur le chevalier, excusez, si je ne vous ai pas prévenu plus tôt... vrai, ce n'est pas ma faute... je sais combien vous vous intéressez à moi.
LE MARQUIS, *à part.*
Je n'en aurai pas le démenti : allons trouver le vicomte. (*il passe près du chevalier et lui prend la main.*) Eh bien! chevalier, tu vois.. tandis que nous nous disputions le

cœur de Julie, ce rustre était plus heureux que nous...
(*en sortant.*) Sans adieu, monsieur Gérard... je vous félicite..... présentez mes hommages à votre charmante épouse.

GÉRARD.

Monsieur le marquis, c'est bien de l'honneur pour moi...

LE MARQUIS, *à part.*

Oui, parbleu, je te ferai cet honneur-là.

SCENE X.

LE CHEVALIER, GÉRARD.

GÉRARD.

Qu'avez vous donc, monsieur le chevalier? vous êtes triste... pensif?

LE CHEVALIER.

Moi!... oui, je pense.

GÉRARD, *avec bonhommie.*

Vous soupirez..... vous n'êtes pas heureux, vous qui méritez tant de l'être... mon mariage vous rappelle peut-être quelque chagrin... quelque inclination contrariée. (*le chevalier fait un mouvement.*) Ah! pardon; ce que je dis là n'est pas par curiosité au moins... mais quand on est heureux, on voudrait que tous ceux qu'on aime... qu'on respecte... le fussent aussi... Ce n'est pas l'embarras... si je suis heureux, moi, Mlle Julie ne l'est guère.

LE CHEVALIER, *vivement.*

Comment?

GÉRARD.

Vous savez bien ce qui est arrivé à Raymond son frère... ils l'ont enrôlé.

LE CHEVALIER.

Oui... je l'avais oublié...

GÉRARD.

Toute la journée, elle ne fait que pleurer.

LE CHEVALIER, *vivement.*

Elle pleure!...

GÉRARD.

Elle aime tant son frère!... elle lui est si attachée!... Nous savons que Raymond s'est déjà réclamé de vous...

qu'il vous a écrit... Eh bien?... y a-t-il quelqu'espoir?
LE CHEVALIER.
J'en avais déjà parlé; mais je verrai moi-même son colonel... Quel est-il?
GÉRARD.
Régiment de Brie... colonel Fouquet.
LE CHEVALIER.
Colonel Fouquet... c'est un parent du vicomte... et je saurai par lui...
GÉRARD.
Tenez.... voilà ma femme qui vient de ce côté-ci, sans doute dans l'intention de vous en parler aussi.... Moi, je vais le voir en attendant, ce bon frère!.... le consoler, lui porter quelque argent.
LE CHEVALIER.
Gérard, dis à Raymond que, si je ne puis pas le délivrer, nous partirons ensemble.
GÉRARD.
Oui, monsieur le chevalier.... (*bas à sa femme, qui entre en lui montrant le chevalier.*) Il n'est pas heureux!.. c'est bien dommage! (*Il sort: moment de silence.*)

SCENE XI.

JULIE, LE CHEVALIER.

LE CHEVALIER, *fort embarrassé, et n'osant regarder Julie.*
Je ne m'étais point préparé à recevoir la visite d'une personne...
JULIE, *vivement, et avec la plus grande douceur.*
Ah! monsieur de Surgy, je ne viens point me plaindre d'un malheur qu'hélas! je ne pouvais prévoir.... ne craignez de ma part aucun reproche.
LE CHEVALIER, *étonné, avec amertume.*
Des reproches!... vous plaindre, vous Julie!... et de quoi?
JULIE.
Vous avez raison.... orpheline, pauvre, sans naissance, de quoi me plaindrais-je?... J'eus tort de croire à vos sermens.
LE CHEVALIER.
Oh! vous avez un tort encore plus grand.... c'est celui d'avoir oublié les vôtres.

JULIE.

Les miens!

LE CHEVALIER.

Ici, à cette même place, ne jurâtes-vous pas d'être à moi?... de n'être qu'à moi?... Le temps, l'absence, disiez-vous, seraient sans influence sur cet engagement...; ma mort même ne devait pas le rompre!..... Eh bien! deux mois se sont à peine écoulés depuis cette promesse... je vis.... et vous êtes la femme d'un autre.

JULIE.

Qu'ai-je fait, que suivre vos conseils, que vous obéir?

LE CHEVALIER, *étonné*.

M'obéir!

JULIE, *lui donnant plusieurs lettres*.

Tenez, reprenez ces lettres que je vous rapporte.

LE CHEVALIER, *les prenant*.

Ces lettres!...

JULIE.

Leur lecture m'a fait assez de mal.

LE CHEVALIER, *lisant les lettres*.

Ma signature!... Non, non, Julie, ces lettres ne sont pas de moi; je ne les ai jamais écrites.

JULIE.

Est-ce bien possible!... cette écriture...

LE CHEVALIER.

N'est pas la mienne.

JULIE.

Dieu!

LE CHEVALIER.

Vos yeux ont cependant pu s'y tromper..... mais votre cœur....

JULIE.

Ah! malheureuse!

LE CHEVALIER.

Je frémis du soupçon.... Ces lettres vous ont été remises...

JULIE.

Par M. Goberville.

LE CHEVALIER.

L'infâme!

JULIE.

Au nom de madame la duchesse.

LE CHEVALIER, *anéanti*.

De ma mère!

JULIE.

Charles, elle savait tout... Elle me peignit votre changement comme un bienfait de la Providence, qui, en m'éclairant sur la légèreté de votre caractère, me préservait d'une union qui aurait fait le malheur de ma vie et le désespoir de votre famille... Votre mère fit plus encore : pour me détacher entièrement de vous, pour me sauver, pour me garantir d'une faiblesse que je ne prenais pas la peine de cacher, elle m'amena à lui promettre de donner ma main....

LE CHEVALIER.

N'achevez pas... Ah! Julie, je crois que j'aurais mieux aimé vous trouver coupable... du moins, je serais le seul à plaindre... Mais vous êtes innocente... vous avez été abusée, trompée par ceux même qui vous devaient secours et protection... Notre amour effrayait leur orgueil, et cet orgueil a étouffé tous les sentimens de la nature.. on m'a calomnié... et vous avez pu croire...

JULIE.

C'était votre mère... ma bienfaitrice.

LE CHEVALIER.

Non... leur perfidie n'a pu briser des nœuds que le temps avait consacrés... elle n'a pu m'enlever votre cœur.. me priver d'un bien qui m'appartenait... qui m'appartient encore!... Oui, Julie, en dépit de leurs exécrables ruses, tu n'as pas cessé d'être à moi... viens, fuyons ensemble.

JULIE.

Eh! monsieur Charles, partout où j'irai, je n'en serai pas moins la femme de Gérard.

LE CHEVALIER.

Sa femme!

JULIE.

Gérard est un honnête homme, qui vous respecte, qui vous aime, qui donnerait son sang pour vous... je ne suis que malheureuse... vous ne voudriez pas me rendre coupable.

LE CHEVALIER.

Coupable, toi!... non Julie, je respecterai, dans la compagne d'un autre, celle que j'avais choisie moi-même... mais je ne serai point témoin de son bonheur : je ne vous verrai plus.

JULIE.

Vous songez à nous quitter!

LE CHEVALIER.

Il le faut... je ne saurais plus vivre dans un pays où l'on peut impunément fouler aux pieds l'honneur, la vertu, tous les sentimens généreux... où l'on immole à sa vanité, jusqu'au bonheur de son fils... Mais avant de partir, je veux au moins te rendre un dernier service... je veux rendre à ton frère la liberté qu'on lui a injustement ravie... et après cela, s'il veut me suivre, je l'emmène ; il ne me quittera plus... ce sera mon compagnon, mon ami, et à lui du moins je pourrai parler de toi.

JULIE.

Charles ! ah ! que je suis malheureuse !

LE CHEVALIER.

On vient... tais-toi... ici, il n'est pas même permis de pleurer.

SCENE XII.

LES PRÉCÉDENS, LE VICOMTE [1].

LE VICOMTE.

Madame Gérard, madame la duchesse vous demande.

JULIE.

J'y cours, monsieur. (*bas à Charles.*) Mais je vous verrai encore... n'est-il pas vrai ?

LE CHEVALIER.

Non, plus jamais.

JULIE, *à part, s'essuyant les yeux qu'elle lève au ciel.*

Ah ! Charles... (*Elle sort.*)

LE VICOMTE, *la regardant aller.*

Le marquis a raison : cette petite femme est charmante... elle mérite bien ce qu'il veut faire pour elle.

LE CHEVALIER.

Vicomte, j'apprends une chose assez singulière.... l'homme dont je parlais ce matin au marquis... le frère de Julie, est enrôlé dans le régiment de votre oncle, du marquis de Fouquet.

LE VICOMTE.

Vraiment !... c'est fort heureux pour lui.

(1) Le vicomte, Julie, le chevalier.

LE CHEVALIER.

Très heureux ; car j'espère que vous ne me refuserez pas son congé.

LE VICOMTE.

Son congé ! y pensez-vous, chevalier ! cela fera un superbe grenadier pour la compagnie de Saint-Féréol.

LE CHEVALIER.

Mais cet homme ne s'est point donné volontairement, on a surpris sa signature.

LE VICOMTE.

Quand on aurait employé un peu de ruse, le grand mal... un homme de cinq pieds huit pouces mérite bien qu'on se donne un peu de peine pour l'engager.

LE CHEVALIER.

On l'a arraché à ses occupations... on a détruit son avenir.

LE VICOMTE.

Du tout, avec du zèle, il peut devenir caporal... sergent.

LE CHEVALIER.

Vicomte.... très sérieusement, il me faut le congé de Raymond.

LE VICOMTE.

Eh ! mon dieu ! chevalier, vous êtes bien bon de vous occuper de ces gens-là... Qu'ils servent, c'est leur affaire : vous me surprenez toujours avec vos idées de philantropie.... comme ils appellent cela. Je ne sais pas de quel siècle vous êtes, mais ce n'est pas du nôtre. Vous voilà comme le duc de Mirau, le baron du Sausay, le comte de Grand-Maison, qui se font à tous propos les défenseurs d'un tas de pauvres diables...

LE CHEVALIER.

Ne sont-ce pas des hommes comme nous?

LE VICOMTE.

C'est précisément là ce qu'ils disent.... mais voilà de ces erreurs que je ne pardonnerais pas même à mon père... Eh! non, mon cher, ce ne sont pas des hommes comme nous, ils sont nés pour toute autre chose. Notre lot, à nous, c'est le plaisir, partout où il se trouve; et je voudrais bien savoir ce que nous autres gens de qualité deviendrions, avec vos principes... il faudrait donc reculer devant le moindre obstacle, professer, comme vous, un respect ridicule pour le nœud conjugal?

LE CHEVALIER.
C'est qu'aussi, monsieur, rien n'est plus respectable.
LE VICOMTE.
A vos yeux.... mais aux nôtres... Dès qu'un mari nous gêne, nous avons toujours des moyens de l'éloigner.
LE CHEVALIER.
Et vous osez l'avouer!...
LE VICOMTE.
Est-ce que ce n'est pas juste? Aujourd'hui même, je viens de rendre un service éminent à votre frère..... Ce pauvre marquis, il est fou d'une jeune fille que je ne vous nommerai pas... (*riant.*) Elle s'est mariée il y a trois jours... un autre se désolerait; mais le marquis est un véritable philosophe; il n'y renonce pas.
LE CHEVALIER.
Il conserverait des espérances!
LE VICOMTE.
Mieux que cela.... à l'aide d'un ordre surpris... et de quelques agens subalternes, ce soir nous enlevons le mari.
LE CHEVALIER.
Et vous ne craignez pas...
LE VICOMTE.
Qu'il se révolte... qu'il crie à l'injustice!... Il se passera deux ou trois mois avant que sa plainte ne parvienne au chancelier, qui ne plaisante pas, lui. Nous avons là quelques mauvais sujets de commis qui nous sont dévoués..... Trois mois... ce sera tout juste le temps nécessaire pour que le marquis ne pense plus à la belle.... alors rien ne s'opposera plus à la liberté du mari.
LE CHEVALIER.
Vicomte, n'espérez pas que je vous laisse commettre une action aussi infâme... C'est donc pour cela que vous la priviez de son frère.... que vous lui ôtiez son défenseur?
LE VICOMTE.
Que voulez-vous dire?
LE CHEVALIER.
Que si quelqu'un s'avise de causer la moindre peine à Julie, c'est à moi, à moi seul, qu'il aura affaire.
LE VICOMTE.
Comment! vous saviez...
LE CHEVALIER.
Je prends Gérard sous ma protection.
LE VICOMTE, *à demi-voix.*
Bon... j'entends... c'est une autre manière.... mais,

chevalier, je crains bien que vous n'arriviez trop tard....
D'ailleurs, votre frère est l'aîné; et au moment où je vous
parle, nos gens sont chez lui à l'attendre.
LE CHEVALIER.
Malheureux! quelle horreur! vous m'en rendrez raison!
LE VICOMTE.
Mais écoutez donc.
LE CHEVALIER.
Je n'écoute rien.
(*On entend ici le bruit de l'orchestre.*)
LE VICOMTE.
Le bal commence... entendez-vous cet air nouveau?..
la Camargo.
LE CHEVALIER.
Eh! que m'importe!
LE VICOMTE.
Il m'importe à moi... les convenances avant tout.
LE CHEVALIER, *voulant l'arrêter.*
Un mot.
LE VICOMTE.
Impossible.... votre mère ne doit rien soupçonner de
ce qui se passe... mais après le bal... je suis à vous... (*Il
entre dans la salle du bal.*

SCENE XIII.

LE CHEVALIER, *seul.*

La priver de son mari!... de son frère!... Et voilà la
protection qu'on lui accorde!... Non, ce double forfait ne
s'accomplira pas... Mais où trouver Gérard, et comment
le prévenir?...

SCENE XIV.

LE CHEVALIER, JULIE. (*Julie sort de chez la duchesse.*)

LE CHEVALIER.
Ah! c'est vous, Julie... le ciel en soit loué!
JULIE.
Vous qui ne vouliez plus me revoir..... qu'avez-vous

donc ?... N'entrez-vous pas dans la salle du bal, où l'on vous attend sans doute ?

LE CHEVALIER, *sans l'écouter.*

Où est votre mari ?

JULIE.

A la caserne de Raymond, où je vais le trouver... pour retourner ensemble chez nous.

LE CHEVALIER.

Gardez-vous-en bien... qu'il n'y retourne jamais... sa liberté est menacée.

JULIE.

O ciel ! mon mari !

LE CHEVALIER.

Et ce ne sont point les seuls dangers qui l'attendent... Mais je déjouerai leurs infâmes complots... Que Gérard se cache seulement jusqu'à ce soir.

JULIE.

Mais où lui trouver un asile ?

LE CHEVALIER, *réfléchissant.*

Où ?... chez M. le duc de Penthièvre..... Si ce digne prince était à Paris, l'autorité de son nom, de ses nobles vertus nous protégerait... N'importe, je vais vous conduire à son hôtel... il est ouvert à tous les infortunés... son homme de confiance vous y recevra. Pendant ce temps, je me procurerai des chevaux... Dans deux heures, j'irai vous chercher, et demain vous serez loin de Paris.

JULIE, *se jetant dans ses bras.*

Ah ! comment vous remercier !

LE CHEVALIER.

En me donnant la force de t'oublier... On vient..... je les entends... leurs fêtes me poursuivent jusqu'ici. (*se dégageant des bras de Julie.*) Julie!... Julie!... pense à Gérard.

(*Julie pousse un cri, s'arrache des bras du chevalier, et se précipite vers la porte à gauche, tandis que celui-ci sort par la porte à droite.*)

(La toile tombe.)

PENDANT.

DRAME.

Le théâtre représente une boutique de perruquier, garnie de ses accessoires, et ornée de gravures de l'époque. Le fond est fermé par un vitrage. A gauche de l'acteur, la porte d'un cabinet et une croisée faisant face au spectateur. A droite, une porte qui conduit à un petit caveau.

SCENE PREMIERE.

JULIE, *à droite, travaillant; de l'autre côté* GÉRARD, *achevant de s'habiller devant un miroir.*

GÉRARD.

Femme, serre mon gilet et ma carmagnole, et donne-moi mon uniforme ; voilà bientôt l'heure.

JULIE.

Tu vas déjà à la section ?

GÉRARD.

Il le faut bien... j'y suis de garde.

JULIE.

Quand je ne te vois pas, je tremble toujours.

GÉRARD.

Et voilà le mal... il faut du cœur, de la fermeté... Si dans ces jours de terreur les honnêtes gens se soutenaient, ils seraient les plus forts... car, quoi qu'on en dise, ils sont encore les plus nombreux... mais ils s'en vont, ou ils se cachent... alors, les autres se montrent ; c'est tout naturel.

JULIE.

Et toi, qui t'exposes tous les jours...

GÉRARD.

Moins que tu ne crois... ils sont encore plus bêtes que méchans, si c'est possible... Perruquier patriote, mon peigne et mon civisme me donnent accès chez tous leurs gros bonnets... Grace à mon jargon patriotique, je passe pour un chaud, même aux yeux des plus ardens; ce qui m'a mis en haute estime auprès de nos *Aristides* du faubourg Antoine... Sans qu'ils s'en doutent, je leur ai fait faire plus d'une bonne action, dont ils sont innocens, et qui leur comptera peut-être un jour, comme s'ils l'avaient faite exprès.

JULIE.

Toi qui sais toutes les nouvelles, en as-tu de la famille Surgy?

GÉRARD.

Tous proscrits... dispersés... Le marquis a émigré, et, sans doute, dans ce moment il est à Coblentz.

JULIE.

Et son frère, le chevalier!... au moins celui-là ne doit avoir rien à craindre... Depuis son retour d'Amérique, il a toujours continué de servir en France... on l'a vu, dans les jours de péril, s'armer pour la défense du trône, et plus tard pour celle de nos frontières, où il a fait des prodiges de valeur... remporté des victoires...

GÉRARD.

Mais dans ces temps-ci cela ne suffit pas.

JULIE.

Que veux tu dire?... et d'où viennent ces tristes pensées?... qu'as-tu donc?

GÉRARD.

Rien.

JULIE.

Aurais-tu encore des soupçons contre lui?

GÉRARD.

Moi! soupçonner notre ami, notre bienfaiteur... celui à qui je dois tout!... Et que pourrais-je lui reprocher?... de t'avoir aimée... c'est si naturel... moi-même je t'aime comme le premier jour... dans cette misérable boutique, si peu faite pour toi... quand je suis occupé après une pratique, je m'arrête souvent pour te regarder avec admiration, et si j'osais, je me mettrais à genoux devant toi... mais un mari, ça serait suspect.

JULIE.

Et de ce temps-ci... il y a du danger à être dans les suspects.

GÉRARD.

Oui vraiment.

JULIE.

Aussi... et s'il est vrai que tu m'aimes... dis-moi la vérité... il y a quelque chose que tu médites, et que tu me caches.

GÉRARD, *embarrassé.*

Moi!

JULIE.

Oui; cette nuit... tu t'es levé sans bruit... tu es descendu ici... dans la boutique; je t'ai entendu parler à voix basse... avec quelqu'un... Est-ce quelque danger qui nous menace?

GÉRARD.

Non, sans doute.

JULIE.

N'importe... je veux tout savoir... as-tu des secrets pour moi?...

GÉRARD.

Non... mais attendons à ce soir... ce soir... je te dirai tout, et tu m'approuveras, je l'espère... mais c'est à cause de cela qu'il faut absolument exécuter le projet dont je te parlais l'autre jour.

JULIE.

Quoi! encore ce divorce?...

GÉRARD.

Il n'y a que cela qui puisse me rassurer... Je connais ta tendresse; tu es sûre de mon amour... rien ne nous empêche de divorcer avec confiance... pour quelques jours seulement.

JULIE.

Tu as beau dire, je ne pourrai jamais m'habituer à cette feinte.

GÉRARD.

Il le faut cependant... il faut prendre garde d'être soupçonné par cette foule d'agens secrets qui circulent dans Paris... tant de gens croient se sauver eux-mêmes en dénonçant les autres, que la délation est à l'ordre du jour.

JULIE.

Oui, les hommes comme ce misérable Goberville.

GÉRARD.

Songe donc que nous sommes presque les seuls du faubourg qui restions unis... ça peut nous faire du tort... si ces coquins-là se doutent que je suis un bon mari, et un honnête homme, ils n'auront plus confiance en moi.

JULIE.

Je le crois bien.

GÉRARD.

Cessant d'être initié à leurs conciliabules, je ne saurai plus rien de ce qu'ils projetteront, et dès lors il me sera impossible de faire prévenir les braves gens de ce qu'on trame contre eux... Et puis étant étrangers l'un à l'autre... (*à part.*) si je suis pris, elle ne sera pas compromise.

JULIE.

Que dis-tu?

GÉRARD.

Je dis que, séparée de moi, tu n'as rien à craindre... on respecte encore les femmes divorcées... Ainsi, c'est décidé... dès ce soir...

JULIE.

Tu le veux?

GÉRARD.

Ce temps-là ne peut pas durer... et dans quelques jours... je t'épouserai en secondes noces... Adieu, ma femme... voilà l'heure qui sonne à l'horloge de la municipalité... Soigne notre ménage... garde notre boutique... je vais garder la nation. (*Il va prendre son fusil à gauche, il embrasse sa femme, et sort.*)

SCENE 11.

JULIE, *seule*.

Ah! voilà un brave homme, qui a déjà rendu service à bien des gens qui le méprisaient jadis, et qui un jour l'oublieront peut-être... N'importe, il a fait son devoir, il a eu raison... Ils sont si malheureux!.. dépouillés de leurs biens... errans... forcés de fuir... voués à la misère, loin de leur patrie... ou à la mort, s'ils osent y rentrer... car j'ai lu ces lois terribles, qui poursuivent non-seulement les proscrits, mais ceux même qui oseraient leur donner asile... Et ce sont des hommes qui ont fait de pareilles lois!.. Charles, Charles!.. où es-tu?... O mon Dieu! pardonnez-moi... ce n'est pas y penser, que de trembler pour lui!.. Mais qu'entends-je! quel est ce bruit?.. il y a un rassemblement dans la rue. (*Musique; morceau agité.*)

SCENE III.

JULIE, LE MARQUIS, *entrant par la porte de la boutique*.

LE MARQUIS.

Qui que vous soyez... sauvez-moi... donnez-moi asile... les entendez-vous?.. ils me poursuivent. (*Il jette son chapeau.*)

JULIE.

Dieu! qu'entends-je... quelle voix!.. le marquis!

LE MARQUIS.

Julie!.. ô justice céleste!.. Eh bien! tant mieux, je n'irai pas plus loin... que mon sort s'accomplisse... livrez-moi... (*Il s'assied sur une chaise auprès de la table à droite.*)

JULIE.

Vous livrer!.. y pensez-vous... Où sont-ils?

LE MARQUIS.

Dans le faubourg.

JULIE.

Notre maison fait le coin... et au moment où vous avez tourné, ils ont dû vous perdre de vue.

LE MARQUIS.

Oui, pour un instant... mais ils vont visiter toutes les maisons de cette rue.

JULIE.

Peut-être... venez... là, dans ce cabinet. (*montrant le cabinet à gauche. Le marquis entre dans le cabinet, mais reste un instant sur la porte.*) Ciel! j'entends les tambours... ils approchent!

(*Morceau de musique avec tambours, dans le lointain, et crescendo.*)

LE MARQUIS, *à la porte du cabinet*.

O supplice plus cruel que la mort!.. Je n'ai pas une goutte de sang dans les veines... Viennent-ils?

JULIE.

Hélas! oui.

LE MARQUIS.

Et pas d'armes pour me défendre!

JULIE.

Cette chambre donne sur la place de l'Égalité... s'ils

entrent, fuyez par là. (*le marquis referme la porte.*) Sa mort du moins sera différée... et peut-être même, si le Ciel le protège... Mais comment lui donner le temps de s'évader... (*s'asseyant et prenant son ouvrage.*) O mon Dieu! inspirez-moi... que n'ai-je le sang-froid de Gérard!.. mon émotion... mon trouble vont me trahir... (*Ici finit le morceau de musique avec crescendo de tambours.*)
LE MARQUIS, *ouvrant la porte.*
La porte de la rue est fermée.
JULIE.
Ah! c'est vrai... mon mari a la clef... (*pâle et tremblante.*) Recommandez-vous à Dieu... et moi aussi... (*l'air du muletier.*) Ils approchent... j'entends les soldats... les voici. (*A travers le vitrage du fond, et au-dessus des rideaux, on aperçoit les chapeaux des soldats; on entend sur le pavé le bruit de leurs fusils, qui retentissent. Un commandant de patrouille suivi de quelques hommes entre dans la boutique.*)
L'OFFICIER.
Commençons par cette maison-ci. (*Un des soldats s'approche de Julie, qui se met devant la porte du cabinet; un autre va du côté du caveau à droite.*)
GÉRARD, *entrant.*
Que faites-vous donc? ce n'est pas la peine... c'est ma maison, et j'en réponds. Cependant, si vous le voulez, voilà la citoyenne qui vous fera les honneurs.
UN DES HOMMES DE LA PATROUILLE.
Il n'y a rien à craindre... c'est la maison du patriote Gérard.
PLUSIEURS VOIX, *dans la rue.*
Oui, oui, c'est la maison du patriote Gérard.
GÉRARD, *à sa femme.*
Adieu, femme... Qu'as-tu donc? est-ce que la présence des citoyens... Ne crains rien... je suis à toi tout à l'heure... je reviens après la patrouille... (*aux hommes de la patrouille.*) Allons, allons, les traînards!
L'OFFICIER.
Un instant, citoyen Gérard... nous allons placer deux sentinelles au coin de la rue, et continuer nos recherches... Marche!.. (*ils sortent. On entend l'officier dans la rue dire à haute voix:*) Deux factionnaires au coin de la rue. (*Le tambour reprend, et à mesure que le bruit s'affaiblit graduellement, Julie semble renaître.*)
JULIE, *ouvrant la porte du cabinet au marquis.*
Venez; nous sommes sauvés, du moins pour le moment.

LE MARQUIS, *se jetant dans un fauteuil.*

Respirons... je n'en puis plus...

JULIE.

Comment vous trouvez-vous en France... vous qu'on disait émigré?

LE MARQUIS.

Je m'étais réfugié en Suisse... La marquise ma femme m'a fait passer, par un des nôtres, une lettre qui m'a appris que mon fils Alfred, l'unique rejeton des Surgy, était dangereusement malade... A tout prix j'ai voulu le revoir... J'ai repassé la frontière... Ah! mon enfant, comme ils ont arrangé cette pauvre France!

JULIE.

Oui, monsieur.

LE MARQUIS.

Et que de tourmens avant de revoir ma famille... voyager à pied... moi, le marquis de Surgy!... tous les soirs des gîtes affreux! Point de procédés, point d'égards; et à chaque nouveau visage des inquiétudes mortelles!... Enfin, après huit jours d'une marche pénible et forcée, profitant d'un moment de désordre à la barrière Saint-Jacques, j'entre dans Paris... Quel spectacle!

JULIE.

Je le sais mieux que vous... mais, monsieur le marquis, cela ne peut pas durer.

LE MARQUIS.

Nous en disions autant quand nous sommes partis, et tu vois, ça a été d'un train!... On confisque nos biens, on brûle, on démolit nos châteaux; on proscrit nos personnes... Là-bas nos ressources diminuent, rien ne passe. Ils ont saisi à la frontière des fonds qui nous étaient expédiés... c'est une horreur... et ici c'est encore pis. Après avoir embrassé ma femme et mon fils, j'écris sur-le-champ à Goberville, notre ancien procureur, notre intendant...

JULIE.

Qu'avez-vous fait!

LE MARQUIS.

Pour lui demander un à-compte sur les sommes considérables qu'il a perçues en notre nom... Le drôle me fait répondre qu'il est désolé, mais qu'il n'est plus que le débiteur de la nation.

JULIE.

Lui apprendre que vous êtes à Paris... quelle imprudence...! lui qui est du comité des recherches.

LE MARQUIS.

Je ne suis plus surpris si, un quart-d'heure après sa réponse, les sbirres, les alguasils étaient à notre porte!... Obligé de m'évader par une cheminée, de là sur les toits; enfin, ma chère Julie, sans ton généreux secours, je tombais entre leurs mains... et tu sais le sort qui m'était réservé... Mais quand ton mari, quand Gérard va revenir, y a-t-il sûreté pour moi...? car lui aussi a un peu donné là-dedans.

JULIE.

Comme tant d'autres : dans le commencement, il voyait tout en beau, et s'imaginait qu'on ne voulait que notre bonheur à tous.

LE MARQUIS.

Oui, c'étaient là les idées de mon frère le chevalier.

JULIE.

Mais quand il s'est aperçu qu'on gâtait tout ce qui se faisait de bien, que des intrigans, des scélérats travaillaient pour leur propre compte, et faisaient la guerre à tout ce qu'il y avait en France de grand, d'honnête, de riche... oh! alors...

LE MARQUIS.

Tu crois donc qu'on peut se fier à lui...? qu'il n'a point, comme tant d'autres, oublié ses anciens maîtres?

JULIE.

Il n'a oublié que le mal qu'on lui a fait.

LE MARQUIS.

Ah! oui, je comprends... Et mon frère, où est-il en ce moment?

JULIE.

A l'armée du Nord. Nous lui écrirons, et j'espère que son crédit pourra vous sauver.

LE MARQUIS.

Oui, oui, j'accepterai pour ma femme, pour mon fils; car si ce n'était que pour moi!... et ce pauvre vicomte de la Morlière, mon ancien ami?...

JULIE.

Vous savez bien qu'avant nos désastres, il était parti pour rejoindre l'expédition de M. le capitaine de La Peyrouse.

LE MARQUIS.

C'est vrai, je n'y pensais plus... Et l'on n'a pas eu de ses nouvelles?

JULIE.

Non, monsieur, je ne crois pas... Mais taisez-vous... j'entends chanter dans la rue. C'est mon mari qui revient...

LE MARQUIS, *regardant à travers des carreaux.*

Eh! mais il n'est pas seul.

JULIE.

Il est avec Morin, le cordonnier du coin, maintenant le citoyen Caracalla, qui dernièrement a été nommé municipal.

LE MARQUIS.

Un municipal!

JULIE.

Celui-là du moins n'est qu'une bête... Mais jusqu'à son départ, cachez-vous toujours, c'est le plus prudent. (*Le marquis rentre dans le cabinet.*)

SCENE IV.

CARACALLA, GÉRARD, JULIE.

GÉRARD, *posant son fusil.*

Encore une faction dans le sac à poudre... M'en voilà délivré, et grace au ciel nous n'avons trouvé personne... Ma femme, un peignoir blanc... c'est le citoyen Caracalla qui vient se faire donner un coup de peigne.

CARACALLA.

J'étais là z'à regarder ces deux factionnaires qui sont au coin de la rue, et quasiment devant ta porte. Ils ne laissent passer personne... mais moi, c'est différent... ils m'ont porté les armes... parce qu'un municipal ça passe partout... ça vat à tout. (*il donne son gilet à Julie. Julie prend le gilet et le place sur une table.*) Merci, citoyenne. (*Julie lui présente un peignoir.*) Dis donc, Gérard, es-tu z'à l'ordre du jour? sais-tu... le nouveau décret?

GÉRARD.

Lequel?

CARACALLA.

Il est z'enjoint aux citoyens de se tutoyer, sous peine

d'être suspects, comme adulateurs. Quelle belle idée!... comme c'est patriotique!

JULIE, *lui passant le peignoir.*

Comment, les hommes tutoieront les femmes? les enfans tutoieront les vieillards?

CARACALLA.

Les prérogatives de la nature.

JULIE.

Et que deviendra le respect?... la politesse?...

CARACALLA.

Supprimés par décret du 10 brumaire.

JULIE.

Mais comment feront, par exemple, vos domestiques?

CARACALLA.

D'abord, citoyenne, la nation ne reconnaît pas de domestiques. Attache-moi cela. (*montrant les cordons du peignoir.*) Elle ne reconnaît que des égaux et des perturbateurs... (*pendant ce temps, Gérard va et vient d'un côté et d'autre dans la boutique, et prépare tout ce qui lui est nécessaire pour accommoder Caracalla.*) Si tu étais t'à la tête des choses, tu saurais que les domestiques ne peuvent pas exister, sans qu'il y ait de ces êtres dégradés par la fortune, qu'on appelait z'autrefois des ci-devant maîtres... et la nation n'en reconnaîtra jamais... c'est invincible...

GÉRARD, *à Caracalla, le faisant asseoir.*

Mets-toi là.

JULIE.

Elle aurait pourtant bien besoin d'un maître, la nation; et vous autres aussi. (*Elle passe à droite et s'assied sur le bras d'un fauteuil, regardant toujours Caracalla.*)

GÉRARD.

Y penses-tu? au lieu d'un nous en avons vingt-cinq ou trente mille, qui ne nous coûtent rien de façon.

CARACALLA, *assis.*

C'est juste.

GÉRARD, *peignant Caracalla.*

Quel beau gouvernement que celui où l'on a toujours des fonctionnaires sous la main, des municipaux qu'on va prendre au pétrin du boulanger, ou dans l'échoppe du savetier!

CARACALLA.

Certainement. (*il se lève et d'un ton déclamateur.*) Quand le peuple romain avait besoin d'un général, il allait dans les champs, et il prenait z'un cultivateur... A propos de

citoyen romain, encore un sacrifice à la patrie... (*montrant sa queue.*) coupe-moi ça.
GÉRARD.
Comment! tu veux?...
CARACALLA, *se rasseyant.*
Les municipal... c'est censément comme des sénateurs romains... il faut qu'ils soient z'à la Titus... Fameux citoyen, que le citoyen Titus... A propos de queue, je t'ai vu passer tantôt z'avec la patrouille; et toi, qui ordinairement va z'en tête... tu étais dans les traînards.
GÉRARD, *tout en le coiffant.*
Que veux-tu, citoyen municipal, c'est que les derniers souliers que tu m'as faits me gênaient un peu.
CARACALLA.
C'est possible... depuis que j'ai t'été nommé municipal, je néglige l'escarpin... je ne fais plus de souliers... je fais des motions.
GÉRARD.
Aux cordeliers?..
CARACALLA.
Non... c'est des patriotes à l'eau rose... je vas à une autre société; tous purs montagnards dans celle-là. Et si la citoyenne m'entendait quand je suis t'à la tribune...
JULIE.
Je me demande toujours où vous avez appris l'éloquence.
CARACALLA, *se levant.*
Quand un citoyen z'actif a des principes solides. (*Gérard le fait asseoir.*) il a beau ne rien savoir, il est propre à tout... (*il se relève.*) Voilà le résumé des droits de l'homme.
GÉRARD, *le faisant asseoir.*
Il a raison!... un bon citoyen n'a pas besoin d'étudier... il se suffit à lui-même.
CARACALLA.
Celui-là me comprend... c'est pour cela que nous abattons tous ces monumens du despotique; la porte Denis, la porte Martin, et un tas d'estatues et de palais, et des hôtels qui vexent le peuple... (*il se lève et va à Julie.*) Raisonnons... A supposer que les places, comme tu voudrais l'inculquer, soient z'à la participation de ce que tu appelles des connaisseurs, des savans; hein... qu'arrive-t-il?

JULIE.

Vous ne seriez pas en place.

CARACALLA.

Oui, mais nous retombons dans la féodalité, et les accapareurs... voilà.... Ainsi, citoyenne... je t'invoque à plus de... je t'y invoque... (*à Gérard.*) Tu as donc fini... ça fait ?...

GÉRARD.

Un assignat de 500 francs [1].

CARACALLA.

C'est z'un peu cher... on a eu tort de ne pas comprendre la coupe des cheveux dans le *maximum*.

JULIE.

Il n'aurait plus manqué que cela... après avoir supprimé la coiffure et la poudre.

CARACALLA.

Citoyenne, tu es t'égoïste... la révolution n'a pas été faite pour les perruquiers... et tout de même, citoyenne, toi qui ne l'aimes pas la révolution, tu en uses... Gérard m'a tout raconté... tu es bien aise de la trouver pour divorcer, cette pauvre révolution.

JULIE.

Moi !

CARACALLA.

C'est singulier, comme cette loi du divorce a du succès dans les ménages... les citoyennes en sont folles... c'est une loi pour les femmes... Ces coquins de législateurs... ça pense à tout. (*à Gérard.*) Ah ! ça, c'est toujours pour ce soir... et les témoins ?

GÉRARD.

Toi, le pâtissier Manlius, et les deux premiers citoyens venus.

CARACALLA.

Ma foi, tu as aussi bien fait... A présent, on peut tout dire... Gérard, tu as déjà z'un remplaçant.

GÉRARD.

Moi !

JULIE.

Qu'est-ce que cela signifie ?

CARACALLA.

Citoyenne, tu n'as pas la parole... (*à Gérard.*) J'ai rencontré ce matin la citoyenne Cornélie, la rempailleuse...

---

(1) Julie, Caracalla, Gérard.

une des plus intrépides tricoteuses de la section... elle a vu hier soir à la brune, un galantin, un muscadin, tranchons le mot... un individu, qui se glissait par la fenêtre basse dans la chambre de ta femme.

GERARD, *à part*.

On l'a vu !

CARACALLA.

Et comme il n'est pas sorti... faut croire qu'il y est encore... et la preuve... (*montrant le chapeau que le marquis a jeté en entrant.*) voilà z'un chapeau rond qui est le sien... car toi z'et moi, n'en portons pas.

JULIE, *à part*.

O ciel !

GERARD.

Tu oserais soupçonner ma femme !

CARACALLA.

Puisqu'elle ne va plus l'être... Seulement, elle a z'un peu anticipé... et voilà tout.

(*On frappe à la porte du cabinet à gauche.*)

GERARD.

On frappe à cette porte qui donne sur la place de l'Égalité... Femme, va ouvrir.

JULIE, *embarrassée*.

Oui, oui, mon ami... oui, j'y vais.

CARACALLA, *prenant son bonnet*.

Va donc, citoyenne... et moi, j'ai le temps d'aller z'écouter les papiers chez Cassius le limonadier... (*donnant une poignée de main à Gérard.*) Salut et fraternité.

(*Il sort en chantant.*)

GERARD.

Eh bien ! femme, tu n'entends pas ?

JULIE.

Oui, mon ami... c'est toi qui as la clef.

GERARD.

C'est juste. (*il ouvre la porte du cabinet et voit le marquis.*) Dieu ! le marquis !

SCENE V.

GÉRARD, LE MARQUIS, JULIE.

LE MARQUIS, *entrant.*

Moi-même... je suis perdu, car celui qui frappe à cette porte... c'est notre ancien intendant, c'est Goberville... j'ai entendu sa voix.

GERARD, *montrant la rue.*

Et Dieu sait s'il vous connaît... Fuyez pendant que je vais ouvrir.

JULIE.

Et les deux factionnaires qui ne laissent sortir personne de la rue... Plutôt dans le caveau.

GERARD.

Non... j'ai là un trésor trop précieux pour l'exposer.

LE MARQUIS.

Adieu, mes amis... laissez-moi partir.

GERARD.

Partir... (*à Julie.*) Voilà la clef, femme, va ouvrir. (*au marquis.*) Campez-vous là... Du sang-froid, et de la présence d'esprit.

(*Il fait placer le marquis dans le fauteuil près de la table à droite, prend le plat à barbe ; lui barbouille toute la figure d'écume de savon, et s'apprête à le raser.*)

SCENE VI.

LES PRÉCÉDENS, GOBERVILLE.

(*Le marquis est sur le fauteuil à droite; Gérard est occupé à le raser. Julie est assise auprès de la table à gauche. Goberville est entre Julie et Gerard.*)

GOBERVILLE.

On entre donc... ce n'est pas sans peine... Il me semble, citoyen Solon, que tu laisses bien long-temps les patriotes à la porte.

GERARD.

Je t'ai bien entendu, citoyen Sénèque; mais ma femme,

qui est malade et souffrante, n'était pas là... et je tenais une pratique... que je ne pouvais pas quitter... D'ailleurs, tu pouvais bien faire le tour et entrer par ma boutique, qui est toujours ouverte à tout le monde.
GOBERVILLE.
C'était mon chemin par-là... je viens de l'ancien hôtel Surgy, dont la vente est affichée... Comme j'ai besoin de toi, je viens te prendre, pour t'y emmener.
GÉRARD.
Impossible... je suis de garde... J'ai à sept heures une seconde faction... mais après... tant que tu voudras... (*s'approchant de Goberville et lui parlant à voix basse.*) Est-ce que tu as des vues sur ce bâtiment?
GOBERVILLE.
Il faut bien placer ses assignats... D'ailleurs, je n'achète que pour démolir... (*le marquis fait un mouvement.*) Qu'est-ce qu'il a donc, le citoyen?
GÉRARD.
Tu peux parler; c'est un citoyen de la république batave, qui n'entend pas le français; un ostrogoth de Hollandais qui vient changer ses fromages contre des assignats.
GOBERVILLE.
L'imbécille... On dit que les Surgy ont caché de l'argent là-dedans avant de partir... et comme membre du comité des recherches, je viens, au nom de la nation, te requérir de m'aider dans l'exercice de mes fonctions, comme connaissant les êtres de la maison.
GÉRARD.
Pas beaucoup; mais ma femme, qui y a été élevée, viendra avec nous, et nous aidera à découvrir le trésor. (*au marquis.*) Mais tiens-toi donc, citoyen... (*repassant le rasoir.*) et n'aie pas peur... (*à Sénèque.*) Bien entendu que nous partagerons également en frères.
GOBERVILLE.
C'est juste, fraternité...
GÉRARD.
Et égalité... Et n'y a-t-il pas des risques dans cette affaire-là? si les Surgy revenaient...
GOBERVILLE.
Impossible... la loi est formelle... peine de mort... Dans quelques jours, il n'y aura plus de Surgy en France.
JULIE, *se levant et s'approchant de Goberville.*
Et le général? qui est un bon citoyen...

GOBERVILLE.

Le général! le général!... Ce n'est pas si difficile d'être général dans ce temps-ci... Il y en a des milliers dans les armées... Et parce que celui-ci a gagné des batailles, qu'il a rossé les Autrichiens, tu crois qu'il servait la patrie? c'était un agent de *Pitt* et de *Cobourg*... Il soudoyait les émigrés, les ennemis de la nation... N'avait-il pas l'infamie d'envoyer de l'argent à sa famille?

GÉRARD.

Je m'en doutais depuis long-temps... il a toujours été un enragé de modéré.

JULIE.

Vous lui reprocheriez de secourir son père!

GOBERVILLE.

Est-ce que Brutus avait un père? c'est tout au plus s'il avait des fils; et encore avec lui ça ne durait pas long-temps... Au surplus nous l'avons mandé à la barre... il n'a pas comparu... hors la loi, et me voilà tranquille... (*Julie se laisse tomber sur le fauteuil, presque évanouie.*) Eh bien! qu'a donc ta femme? Je crois qu'elle se trouve mal...

GÉRARD, *courant à elle*.

Julie!... il serait possible!... Non, elle revient... Je t'avais bien dit qu'elle était malade et souffrante...

GOBERVILLE.

Allons, allons, je te laisse achever ton ouvrage... A ce soir, à neuf heures et demie... (*il va jusqu'à la porte, le marquis se lève; mais entendant Goberville qui revient, il se rassied.*) Mais à cette heure-là ta boutique sera fermée?

GÉRARD.

Tu entreras par la place de l'Égalité.

GOBERVILLE.

Et si tu n'es pas encore rentré... si la citoyenne est malade?

GÉRARD, *à part*.

Il ne partira pas!

GOBERVILLE.

Je ne me soucie pas d'attendre dans la rue... Donne-moi ta clef.

GÉRARD.

Ma clef?

GOBERVILLE.

Est-ce que ça t'effraie?... est-ce qu'on ne peut pas entrer à toute heure dans le domicile d'un bon patriote?

GÉRARD.

Et que veux-tu qu'on me prenne? Femme, donne la clef. (*Julie donne la clef à Goberville.*)

GOBERVILLE.

A la bonne heure... Je savais bien que le citoyen Solon Gérard était la crème de la section, et je plaindrais un ci-devant qui tomberait entre ses mains. (*Le marquis fait un mouvement.*)

GÉRARD.

Tiens-toi donc, citoyen... tu vas te faire couper...

GOBERVILLE.

Allons... à ce soir. (*Il sort.*)

SCÈNE VII.

LES PRÉCÉDENS, *excepté* GOBERVILLE.

GÉRARD.

Enfin, il s'éloigne.

JULIE.

Charles!... ils l'ont condamné, il n'est plus.

GÉRARD.

Rassure-toi... il avait des amis, qui l'ont prévenu à temps.

LE MARQUIS.

Mon frère... qui a pu le sauver?

GÉRARD.

Celui que tout à l'heure vous soupçonniez vous-même.

LE MARQUIS.

Moi!...

GÉRARD.

Oui, vous m'avez cru capable de vous trahir; par bonheur, il est ici quelqu'un qui peut vous répondre et me justifier.

(*Musique peignant l'inquiétude, et finissant par un forté.*)

LE MARQUIS ET JULIE.

Que dit-il?

GÉRARD *allant à la porte du caveau, et appelant.*

Venez, général... ne craignez rien.

JULIE, *tombant dans un fauteuil.*

Ah! c'est lui.

LE GÉNÉRAL, *qui est sorti du caveau, regarde autour de lui, et aperçoit le marquis... ils se jettent dans les bras l'un de l'autre.*

Mon frère ! (*se retournant vers Gérard et Julie.*) Mes amis, mes bienfaiteurs... comment m'acquitter jamais ? Je vous dois la vie, et le plus grand bonheur que j'aie goûté depuis long-temps... je retrouve mon frère.

JULIE.

Quoi ! c'est vous qui depuis hier soir...

GÉRARD.

Oui... voilà mon secret... je ne voulais pas te faire partager les dangers auxquels il m'exposait... et puis, te le dirai-je... en vous sachant sous le même toit, j'éprouvais là...

JULIE, *lui mettant la main sur la bouche.*

Tais-toi... tais-toi ; demande au général lui-même s'il est quelqu'un au monde qui plus que toi mérite mon amour.

LE GÉNÉRAL.

Oui, tu en étais digne... (*lui tendant la main, ainsi que le marquis.*) Viens, notre ami... viens, notre frère.

LE MARQUIS, *lui tendant les bras*[1].

Oui, notre frère.

GÉRARD, *essuyant ses yeux.*

Allons... allons, voilà qui est bien... mais le temps presse, les mêmes dangers vous menacent... est-il vrai, avant tout, que l'hôtel de Surgy contient une partie de vos richesses ?

LE MARQUIS.

Un peu d'or et quelques diamans, dans la chambre de ma mère... derrière le second panneau à droite.

GÉRARD.

J'y cours, avant le citoyen Sénèque... ensuite, et comme maintenant votre séjour à Paris est connu de quelques misérables... il faut en repartir sur-le-champ... avez-vous un passeport ?

LE GÉNÉRAL.

Celui que tu m'as donné, et qui est loin d'être en règle.

LE MARQUIS.

Et moi, celui de mon domestique...

---

(1) Le chevalier, Gérard, le marquis, Julie.

GÉRARD.

C'est bien... mais cela ne suffit pas... il faut encore, pour sortir de Paris, la permission d'un municipal... (*prenant les deux papiers.*) Je m'en charge... je vais au district, à la municipalité. (*il revient et se place auprès de Julie, à qui il dit.*) Pourvu qu'il soit encore temps... car, si cette nuit, ils n'ont pas quitté Paris... demain je ne réponds pas d'eux.

LE MARQUIS.

Que dis-tu?

GÉRARD.

Rien. (*à Julie.*) Allons, femme, voilà près de huit heures et demie... on peut fermer la boutique, sans être suspect... allume la lampe, la chandelle... et puisque nous sommes assez heureux pour les recevoir... fais-leur les honneurs de la maison. Adieu, patientez jusqu'à mon retour. (*Gérard sort... on entend à haute voix, en dehors.*) Qui vive... qui va là?

GERARD.

N'aie pas peur, patrouille... c'est moi... je peux bien sortir de ma maison.

SCENE VIII.

LE MARQUIS, LE GÉNÉRAL, JULIE, *qui pendant ce temps allume la lampe et la chandelle.*

LE MARQUIS.
Il paraît que les factionnaires sont toujours là.

LE GÉNÉRAL.
Ah! Julie!

JULIE.
Laissez-moi fermer cette boutique; car je craindrais qu'à travers les vitraux... on ne vous aperçût.

LE GENERAL.
Nous allons t'aider.

JULIE.
Non, non... causez ensemble... vous devez en avoir besoin.

LE MARQUIS, *prenant la main de son frère.*
Si tu savais tout ce que j'ai souffert loin de toi!

LE GÉNÉRAL.
Nous nous revoyons enfin.
LE MARQUIS.
Mais dans quel temps ! Voilà donc, mon cher, où nous ont conduit ces idées de changement dont tu étais enthousiaste !
LE GÉNÉRAL.
Ah ! ne confonds point la liberté avec les excès que l'on commet en son nom. La liberté, comme nous l'entendions, est amie de l'ordre et des devoirs... elle protége tous les droits... elle veut des lois, des institutions, et non des échafauds...
LE MARQUIS.
Hélas ! à quoi t'ont servi ton courage et la sagesse de tes opinions... tu es dénoncé, réduit comme moi à te cacher après avoir versé ton sang pour eux.
LE GÉNÉRAL.
Non pour eux... mais pour la France.. et ce qu'on fait pour son pays, on ne le regrette jamais. L'honneur de notre patrie s'était réfugié aux armées... je l'y ai suivi. J'ai fait un peu de bien ; j'ai empêché beaucoup de mal ; et si j'avais encore à choisir, je suivrais la même route. (*On entend dans la rue.*) Voilà la grande conspiration découverte *par le Comité de salut public!*
LE GÉNÉRAL.
Encore quelques nouvelles victimes.
LE MARQUIS.
Ceux qui n'ont point respecté les vertus de Malesherbes, les talens de Lavoisier, la jeunesse de Barnave, reculeront-ils devant un crime de plus ?
LE GÉNÉRAL.
Les honnêtes gens se lasseront de n'avoir que le courage de mourir... La France se réveillera plus forte et plus unie, car le malheur rapproche tous les rangs, toutes les opinions, et déjà, tu le vois, nous, jadis divisés, nous nous entendons enfin, et nous nous aimons plus que jamais...

LE MARQUIS, *se jetant dans ses bras.*
Ah ! tu dis vrai.
(*En ce moment, Julie a fermé tout le fond de la boutique avec des volets. Il ne reste plus que la porte du fond qu'elle va fermer également, lorsque Caracalla se présente, et entre brusquement.*)

SCÈNE IX.

LES PRÉCÉDENS, CARACALLA [1].

CARACALLA, *apercevant les deux frères qui s'embrassent.*
Bravo ! citoyens... l'accolade fraternelle.
LE MARQUIS, *à part.*
Ciel !
CARACALLA.
Ne vous dérangez pas.
LE MARQUIS, *à part.*
Nous sommes perdus.
CARACALLA.
Les citoyens viennent pour le divorce de Gérard ?
JULIE.
Précisément... Nous attendons qu'il soit rentré.
CARACALLA.
Ma foi, citoyens, savez-vous que la patrie a bien du bonheur...... voici la quatorzième fois qu'on la sauve ce mois-ci, et nous ne sommes encore qu'au 17. (*Pendant ce temps, Julie a fermé la porte, s'assied, et travaille, tout en prenant part à la scène.*)
LE GÉNÉRAL, *à son frère.*
Ce n'est qu'un imbécille.
CARACALLA.
Vous avez entendu le colporteur ?
LE GÉNÉRAL.
Oui... oui...
CARACALLA.
J'ai là les détails... (*il montre le papier au général.*) Quand on est fonctionnaire... il faut s'instruire soi, et les autres... j'ai mon fils Cicéron, un enfant de sept ans, qui me tient au courant des conspirations... C'en est z'encore une que l'on a découverte dans la journée... je ne sais pas où ils vont les chercher, au comité de salut public... mais ils en découvrent une tous les matins. (*Offrant le papier au général.*) Si ça peut vous distraire...
LE GÉNÉRAL.
Oui... je ne serais pas fâché...

[1] Julie, Caracalla, le général et le marquis.

CARACALLA, *au général.*

Voilà le papier... (*au marquis.*) Citoyen, sans te commander, approche le chandelier. (*Le marquis tient le flambeau, le général lit.*)

LE GÉNÉRAL

« Décret du comité de salut public, qui met hors la loi
« les individus ci-après dénommés, comme atteints et
« convaincus d'avoir conspiré le renversement de la
« chose publique. »

CARACALLA.

Les noms... les noms...

LE GÉNÉRAL.

« Le ci-devant comte d'Orgeval... le ci-devant duc de Surgy. »

LE MARQUIS, *avec douleur.*

Mon père !

LE GÉNÉRAL, *plus fort.*

« Le commandeur de Surgy, le ci-devant marquis de Surgy » (*mouvement*).

CARACALLA.

Il y en a encore d'autres...

LE GÉNÉRAL, *plus fort.*

« L'ex-général Surgy. » (*Les deux frères se prennent la main.*)

SCENE X.

LES PRÉCÉDENS, GÉRARD [1].

GÉRARD.

Eh ! que diable faites-vous là, tous les trois ?... vous avez l'air d'un rassemblement.

CARACALLA.

Nous nous amusions à lire la liste des traîtres mis hors la loi par le comité.

GÉRARD.

Bah !... ça court les rues... mais les uns sont hors du territoire, et les autres échapperont encore probablement.

CARACALLA.

C'est ce que nous verrons... (*au général.*) achève-moi cela... (*Ils achèvent tous trois de lire la liste à demi-voix au-*

(1) Julie, Gérard, Caracalla, le général, le marquis.

près de la table à gauche; pendant ce temps, Julie qui est au coin du théâtre à droite, s'approche de Gerard.)

JULIE.

Quelles nouvelles ?

GÉRARD.

Mauvaises... On se doute que les deux frères sont dans Paris... des espions sont envoyés aux messageries, aux barrières, et les municipaux ne veulent délivrer de permis qu'aux personnes elles-mêmes. C'est un arrêté qu'ils viennent de prendre ce soir.

JULIE, *montrant Caracalla.*

Celui-là était-il au district?

GÉRARD, *de même.*

Non.

JULIE, *de même.*

Il l'ignore peut-être.

GÉRARD, *de même.*

Tu as raison.

CARACALLA, *au marquis, et au général.*

C'est bon... c'est bon... rendez-moi cette liste... Il y en a quelques-uns là-dedans dont je suis sûr, et qui ne m'échapperont pas.

GÉRARD, *passant entre les deux frères.*

Bah! avec de l'or... (*leur donnant à chacun une bourse.*) Voilà ce que j'ai trouvé... (*haut.*), et ces gens-là en ont.

CARACALLA.

L'or, n'y fait rien... au contraire; c'est cela qui les fera pincer... Les Surgy, par exemple... c'est moi qui suis chargé de les arrêter; et avant ce soir ils seront coffrés.

LE GÉNÉRAL, *riant.*

Bah !... et comment cela ?

GÉRARD.

Tu sais donc où ils sont?

CARACALLA.

J'en ai z'une idée.

GÉRARD.

Ce diable de Caracalla en a toujours.

CARACALLA, *entre Gérard et le général.*

On a dit ce matin z'au district qu'il y avait des monceaux d'or et d'argent cachés dans les murs de leur hôtel... bon, me suis-je dit z'à part moi... c'est z'un renseignement.... si l'émigré z'est à Paris... (*au marquis.*) Ecoute ça, citoyen, il ira rendre une visite domiciliaire à son hôtel, pour à cette fin de faire du tort à la nation, en lui prenant ses écus.

GÉRARD.

C'est sûr.

CARACALLA.

Alors j'ai z'envoyé deux z'émisphères en faction pour surveiller les individus qui entre ou qui sort... et si un des ci-devant se présente... pincé, et incarcéré... c'est là de la malice et de l'esprit !

GÉRARD.

C'est drôle... ça me fait l'effet d'une bêtise.

CARACALLA.

Une bêtise, citoyen, une bêtise d'arrêter les Surgy !

GÉRARD.

Sans doute... il vaudrait mieux arrêter leur trésor.

CARACALLA, *surpris*.

Ah ! diable ! c'est vrai ! c'est une autre idée... (*bas à Gérard.*) mais le moyen ?

GÉRARD, *de même*.

J'en ai un... je sais où est le trésor... et si tu veux m'aider... au nom de la nation...

CARACALLA.

C'est dit... partons vite...

GÉRARD.

Un instant... il faut d'abord nous débarrasser de ces deux-là qui voudraient partager... et du citoyen Sénèque qui viendra tantôt pour le même objet.

CARACALLA.

Ce coquin de Sénèque, il n'haït pas les richesses... ce sera difficile.

GÉRARD.

Je m'en charge... mais pour ceux-là... ça te regarde.

CARACALLA.

Comment cela ?

GÉRARD, *à haute voix*.

Quand la patrie est en danger, comme cela lui est encore arrivé ce matin, il faut que les bons citoyens se rendent à leur poste.

CARACALLA.

Oui, il faut que tous les bons patriotes se rendent à leur poste.

GÉRARD.

Et voilà le citoyen Thomas, un oncle de ma femme,

et mon cousin Girardot, qui est en congé et qui va rejoindre, qui voudraient quitter Paris ce soir.

CARACALLA.

N'est-ce que cela ?

GÉRARD.

Il faut donc, comme municipal, que tu leur signes un permis.

CARACALLA, *les regardant.*

Un permis à e ux... impossible.

JULIE, *à part.*

O ciel !

GÉRARD.

Tu refuses un patriote... moi, Gérard... qui suis leur caution.

CARACALLA.

Je ne peux pas faire autrement sans me compromettre.

JULIE.

Refuser de signer !

CARACALLA.

J'ai z'une raison invulnérable.

JULIE ET GÉRARD.

Et laquelle ?

CARACALLA, *à demi-voix.*

C'est... c'est que je ne sais pas écrire... vous le savez bien... et vous compromettez là un municipal. (*haut.*) Tout ce que je peux faire pour les citoyens, c'est de les prendre sous le bras et de les conduire où ils voudront aller.

GÉRARD.

Cela vaut encore mieux... à la messagerie nationale qui part ce soir.

CARACALLA.

C'est à deux pas.

GÉRARD.

Mais tu m'en réponds.

CARACALLA.

Je ne les quitterai pas que la voiture ne soit partie... et je viens te rejoindre.

GÉRARD.

Ici même... où je t'attendrai.

CARACALLA.

En route !... Avec ma protection, vous iriez en enfer, sans passeport [1]. (*Il prend le général et le marquis sous le*

---

(1) Julie, Gérard, le marquis, Caracalla et le général.

bras et ils vont sortir par la porte du fond. On entend à droite le bruit d'une clef dans une serrure.)

LE MARQUIS.

Qui vient là ?

JULIE, *effrayée*.

C'est Goberville qui avait la clef.

GÉRARD.

C'est Sénèque.

CARACALLA, *quittant le bras des deux frères.*

Je vais lui parler.

GÉRARD, *vivement.*

Au contraire, qu'il ne te voie pas chez moi.

CARACALLA.

C'est juste.

GÉRARD, *fermant vivement la porte que Goberville vient d'entrouvrir.*

Un instant, citoyen, on n'entre pas.

GOBERVILLE, *par la fenêtre vitrée qui donne en face du spectateur.*

Je viens te prendre avec la citoyenne.

GÉRARD.

Elle achève sa toilette (*à Caracalla et aux deux frères.*) Partez.

JULIE.

Et que Dieu les protége !

(*Julie a ouvert la porte du fond, Caracalla sort en tenant les deux frères, pendant que Gérard les suit des yeux en tenant toujours fermée la porte du cabinet, où l'on voit Goberville.*)

(La toile tombe.)

APRÈS.

VAUDEVILLE.

Le théâtre représente un magnifique salon de l'hôtel du général comte de Surgy. Une table à droite de l'acteur.

DERNEVAL, MORIN.

MORIN.

C'est vous, monsieur Derneval, qui frappez de si bonne heure à la porte de l'hôtel?

DERNEVAL.

Oui, j'apportais à madame la comtesse et à sa fille cette romance d'Otello, qu'elle avait désirée hier soir... Ces dames sont-elles visibles?

MORIN.

Point z'encore.

DERNEVAL.

Et le général?

MORIN.

Monsieur le comte de Surgy?... il est dans son cabinet... Voulez-vous lui parler?

DERNEVAL.

Oui, sans doute.... C'est-à-dire.... non.... il pourrait croire... Remets-lui seulement ces papiers.

MORIN.

C'est pour son procès?

DERNEVAL.

Justement.

MORIN.

Une belle affaire, qui vous a fait z'honneur..... je m'y connais... parce qu'un avocat, c'est censément z'un orateur... et que je l'ai z'été autrefois.

DERNEVAL.

Toi, Morin?

MORIN.

Oui, monsieur.

AIR : *de Oui et Non.*

Instruit, ou non, ça n'y fait rien,
On est z'orateur de naissance...
Et l'on vous comprend toujours bien
Quand on parle avec z'éloquence.
Pour l'orthographe, j'men passais,
Car ell' m'a toujours t'nu rancune,
Et l'on peut être bon Français
Sans le parler z'à la tribune.

Mais ce que je vous en dis là, c'était dans les temps..... Vous êtes trop jeune, monsieur Derneval, pour avoir vu ces temps-là, et vous ne savez pas tout ce que les honnêtes gens l'ont souffert... quand on a, comme moi, tout perdu z'à la révolution ; qu'on a z'été compromis, pour avoir sauvé des nobles, pour avoir fait z'évader une famille entière...

DERNEVAL.

Vraiment !... Ce brave Morin !...

MORIN.

Et c'est en mémoire d'un service pareil, que j'ai l'autrefois rendu z'involontairement au général et à son frère, qu'il m'a nommé depuis concierge de son hôtel... ce qui est toujours plus sûr que les honneurs, et l'administration publique... surtout quand on n'est pas né dans la partie... et puis, il y a des profits... au jour de l'an... à la fête de monsieur, et de madame... et dans les solennités de famille, et j'espère que nous allons t'en avoir une..... Un mariage.

DERNEVAL.

Que me dis-tu là ! quoi ! mademoiselle de Surgy...

MORIN.

C'est un secret; mais il n'y en a pas pour les portiers... Mam'zelle va z'épouser M. Alfred, son cousin, le fils de l'ancien marquis, ce jeune pair de France, qui est si aimable.

DERNEVAL, *à part.*

Il est donc vrai !

MORIN.

On l'attend même c'matin z'à déjeûner... et je parierais que c'est pour terminer z'invariablement.

DERNEVAL.

Ah ! il n'y a plus à hésiter, (*il se met à la table, et écrit.*) il en arrivera ce qu'il pourra.

MORIN.

Que faites-vous donc?

DERNEVAL, *écrivant toujours.*

Rien, puisque M. Alfred va venir dans l'instant... J'ai un service à te demander.

AIR : *Des Comédiens.*

Pourras-tu bien remplir avec mystère
La mission dont je vais te charger?
MORIN.
Avec plaisir : lorsque l'on fut confrère,
C'est bien le moins qu'on puisse s'obliger.

DERNEVAL, *se levant.*

Remets-lui donc...

MORIN.

Parlez, que faut-il faire?

DERNEVAL.

Ce seul billet.

MORIN.

C'est aisé; de grand cœur.

Et puis après.

DERNEVAL.

Ne rien dire, et te taire.

MORIN.

C'est moins aisé, quand on est z'orateur.

ENSEMBLE.

DERNEVAL.

Mais c'est égal, lorsque l'on fut confrère,
C'est bien le moins qu'on puisse s'obliger;
Et tu sauras remplir avec mystère
La mission dont je veux te charger.

MORIN.

Mais c'est égal, lorsque l'on fut confrère,
C'est bien le moins qu'on puisse s'obliger;
Et je saurai remplir avec mystère
La mission dont on veut me charger.

DERNEVAL.

On sonne... c'est le général. Adieu...

(*Il sort par le fond.*)

SCENE II.

MORIN, LE GÉNÉRAL, *sortant de l'appartement à droite.*

LE GÉNÉRAL.
Eh bien! Morin... et mes lettres, et mes journaux?
MORIN.
Voici d'abord les papiers que vient de me remettre M. Derneval.
LE GÉNÉRAL.
Pourquoi n'est-il pas entré?.. Un brave jeune homme... un homme de talent, qui a plaidé pour moi deux ou trois causes importantes... un ami de la maison, que j'ai toujours du plaisir à voir.
MORIN.

AIR : *Qu'il est flatteur d'épouser celle.*

Voilà vos journaux que je monte...
Mais je demand'rai pour ma part,
Une faveur à monsieur l'comte.
LE GÉNÉRAL.
C'est le portier le plus bavard...
De paroles sois économe...
MORIN.
M'sieur lit les journaux qu'il a r'çus,
Et si j'l'ennui', ça s'ra tout comme
S'il lisait un articl' de plus.

C'est z'au sujet de mon petit fils Charlot, que mon général a z'eu la bonté de faire élever et d'envoyer à l'enseignement mutuel... Voilà z'à peine un mois qu'il y est, et il en sait déjà plus que moi, qui n'ai jamais su ni lire, ni écrire, comme mon général le sait bien.
LE GÉNÉRAL.
Et où est le mal?
MORIN.
Le mal... c'est que tous les concierges mes confrères, et celui de la vieille marquise le suisse du n° 9, disent que c'est dangereux, et que ça peut lui donner de mauvaises idées.
LE GÉNÉRAL.
Que diable viens-tu me chanter là?

MORIN.

AIR : *l'Amour qu'Edmond, etc.*

Ils dis'nt que loin d'quitter l'ornière
Il faut suivr' les chemins battus;
Qu'c'est pour vouloir êtr' plus qu'leur père
Que les enfans se sont perdus.
A la routine, enfant, restez docile,
Dussiez-vous y marcher tout seul.
Et votre aïeul fût-il un imbécille,
Soyez plutôt ce que fut votre aïeul.

LE GÉNÉRAL, *le regardant.*

Si ce diable de Caracalla savait lire, je croirais quelquefois qu'il lit... Fais-moi le plaisir de me laisser tranquille, et de retourner à ta loge.

MORIN.

Ne vous fâchez pas, monsieur... j'y pensais... Aussi bien je me rappelle qu'il y a là un vieux monsieur qui vous attend depuis un quart-d'heure.

LE GÉNÉRAL.

Et tu ne l'as pas fait entrer sur-le-champ?

AIR : *Du Piége.*

Je vous l'ai dit, je prétends, et je veux
Que cet usage soit le vôtre,
Que nul ne fasse antichambre en ces lieux;
Un vieillard bien moins que tout autre.
Redoublant vos soins empressés,
Dès qu'il paraît, je veux l'entendre;
Ses cheveux blancs doivent vous dire assez
Que lui n'a pas le temps d'attendre.

SCENE III.

LES PRÉCÉDENS, LE VICOMTE.

LE VICOMTE, *entrant.*
Annoncez le vicomte de la Morlière.
LE GÉNÉRAL.
Quel nom ai-je entendu?
LE VICOMTE.
Monsieur le duc de Surgy!

LE GÉNÉRAL.

Ce n'est pas moi, monsieur... je suis le général, comte de Surgy.

LE VICOMTE.

Il serait possible!... ce petit chevalier... Je suis donc bien changé, si vous ne reconnaissez pas en moi, l'ami de votre frère... le compagnon de votre jeunesse?

LE GÉNÉRAL, *le serrant dans ses bras.*

Quoi! c'est vous?... vous que depuis si long-temps, nous croyons avoir perdu?

LE VICOMTE.

Oui, ça fait événement... ça fait coup de théâtre!...

« Les morts après trente ans sortent-ils du tombeau? »

Quand je dis trente ans, c'est pour le vers, car il y en a quarante et plus que je suis disparu et que je n'ai mis le pied en Europe.

LE GÉNÉRAL.

Et d'où venez-vous donc?

LE VICOMTE.

De l'autre monde.. du fond de l'Atlantide... Ne vous souvient-il plus que j'étais parti pour rejoindre les vaisseaux de La Peyrouse? que j'ai retrouvés à Botany-Bay, en février quatre-vingt-huit, et que je n'ai plus quittés... J'étais à bord de l'*Astrolabe*, au moment de son naufrage, et je fus jeté sur une des îles *Malicolo*, avec deux de mes compagnons... des gens de qualité comme moi... le chevalier et le vicomte d'Osage, que vous connaissiez.

LE GÉNÉRAL.

Vous n'étiez que trois?

LE VICOMTE.

Oui, et puis deux matelots... Nous avons vécu là, pendant quarante ans, ignorés de toute la terre, qui nous croyait perdus... et j'y serais encore, si le vaisseau du capitaine Jarry n'y avait pas abordé par hasard.

LE GÉNÉRAL.

En effet... les journaux anglais nous ont appris l'an passé qu'on avait découvert les derniers débris de l'expédition.

LE VICOMTE.

Ces débris... c'était moi... Le capitaine Jarry est un homme fort aimable... pour un anglais... car il n'entendait pas un mot de français, ni lui, ni personne de son équipage... impossible alors d'avoir aucune nouvelle de vous, ni de la cour... et arrivé au Hâvre hier, je n'ai eu que le temps de me mettre dans une chaise de poste, et de rouler toute la nuit... tant j'avais hâte de me trouver à Paris.

LE GÉNÉRAL.

Je le crois sans peine.

LE VICOMTE.

J'ai dit au postillon de me mener à mon hôtel ordinaire l'hôtel Saint-Ferréol... Croiriez-vous qu'il m'a dit : « Je ne « connais pas l'hôtel Saint-Ferréol.... enclos des Capu- « cines, près les Feuillans, où nous descendions toujours, « nous autres mousquetaires quand nous venions de Ver- « sailles. » Alors, je me suis chargé de le conduire. Mais voici bien un autre événement... impossible de trouver le jardin des Capucines.

LE GÉNÉRAL.

Vraiment !

LE VICOMTE.

Disparu, enlevé... en plein jour dans le quartier le plus populeux... Ce jardin, si sombre et si agréable, où nous avions toujours des rencontres... Vous vous rappelez quand le soir il fallait mettre l'épée à la main, pour rentrer chez soi... au lieu de cela, qu'est-ce que j'ai trouvé? une grande rue qui n'en finit plus.

LE GÉNÉRAL.

Celle qui mène place Vendôme, au ministère de la justice... la rue de la Paix.

LE VICOMTE.

Précisément.

LE GÉNÉRAL.

AIR : *Il n'est plus temps, etc.*

Oui, c'est là son nom désormais,
Chez nous, où les lois sont chéries,
On voit la justice et la paix
Tout à côté des Tuileries.
Et le Dieu de nos libertés,
Qui veut qu'aujourd'hui tout s'accorde,
Met la chambre des députés
Près la place de la Concorde.

LE VICOMTE.

Et puis le long des Tuileries, cette rue immense... comment nommez-vous?

LE GÉNÉRAL.

La rue de Rivoli.

LE VICOMTE.

On se perd là-dedans... C'est un amas de pierres... un horizon de moellons... ce n'est plus une ville... c'est une carrière... je ne reconnais plus mon Paris.

LE GENERAL.

On vous l'a un peu embelli.

LE VICOMTE.

On me l'a gâté... Mais où est donc le marquis?... il me tarde de l'embrasser.

LE GÉNÉRAL.

Mon frère... nous l'avons perdu, il y a dix-neuf ans, à Wagram.

LE VICOMTE.

Wagram?... qu'est-ce que c'est que ça?.. une de ses terres?

LE GÉNÉRAL.

Non, morbleu!... une bataille, où la victoire nous est restée... Le marquis, qui était alors duc et chambellan, fut ramené par moi à Vienne, où il a succombé.

LE VICOMTE.

A Vienne?... en Dauphiné?

LE GÉNÉRAL.

Non, la capitale de l'Autriche.

LE VICOMTE.

Et comment vous y trouviez-vous là tous les deux?

LE GÉNÉRAL.

Avec 300,000 hommes, qui y étaient entrés en vainqueurs.

LE VICOMTE.

Vous êtes entrés à Vienne?

LE GÉNÉRAL.

Ce n'était pas la première fois... et à Berlin aussi... et dans toutes les capitales de l'Europe.

LE VICOMTE.

Qu'est-ce que vous me dites là? qu'est-ce que c'est que des folies pareilles?... Et au milieu de tout cela, mon pauvre chevalier, comment se sont trouvées vos affaires?

LE GÉNÉRAL.

Assez bien... Je suis maintenant un des premiers propriétaires de France, grace aux fabriques que j'ai établies, aux manufactures que j'ai créées.

LE VICOMTE.

Vous!... dans le commerce!... Ah! mon cher ami!... qu'est-ce que vous m'apprenez là? Votre famille doit être dans la désolation.

LE GÉNÉRAL.

Non vraiment... vu que nous partageons tout, et que je viens d'établir, en faveur de mon neveu Alfred, le fils de mon frère, un majorat de vingt mille écus de rente.

AIR : *De sommeiller encor, ma chère.*

Sans préjugé, chacun exerce
Son industrie et ses talens;
Nos vicomtes font le commerce,
Nos chevaliers sont fabricans...
Et dans ce siècle, où l'on respecte
Le mérite, avec, ou sans nom,
Un marquis est mon architecte,
Et mon médecin est baron.

LE VICOMTE.

Oui... mais la considération...

LE GÉNÉRAL.

Maintenant, mon cher, on est toujours considéré quand on paie à l'état vingt-cinq mille francs d'impôt.

LE VICOMTE.

Vous payez la taille!

LE GENERAL.

C'est ce qui arrive à tout le monde.

LE VICOMTE.

Les bourgeois, c'est bien..., mais le comte de Surgy.. mais moi!... Je ne paierai pas... je ne paierai jamais.

LE GENERAL.

On vous fera saisir.

LE VICOMTE.

Le vicomte de la Morlière!

LE GENERAL.

Pourquoi pas?

LE VICOMTE.

Un homme de qualité!

LE GENERAL.

Tout comme un autre.

LE VICOMTE.

Qu'est-ce que c'est donc qu'un régime comme celui-là?

LE GENERAL.

Celui des lois.

LE VICOMTE.

Nous sommes au-dessus d'elles, nous autres... et je m'en moque.

LE GENERAL.

Prenez garde... et ne dites pas de mal de nos lois; car voilà mon neveu qui est pair de France, et qui en fait tous les jours.

SCENE IV.

LES PRÉCÉDENS, ALFRED[1].

ALFRED.

Bonjour, mon oncle... Comment cela va-t-il ? J'apporte de bonnes nouvelles.

LE GENERAL.

Et moi aussi, car je te présente au vicomte de la Morlière, l'ancien ami de ton père.

ALFRED.

Un ami de mon père! (*lui donnant la main.*) J'espère que cette amitié-là sera héréditaire, et que vous daignerez la transmettre à son fils.

LE VICOMTE.

Oui, oui, mon jeune ami... entre nous autres tout se transmet, je le vois, jusqu'aux bons sentimens.

LE GENERAL.

C'est un ancien compagnon de La Peyrouse, qui, après quarante ans d'exil, revient en son pays, qu'il trouve un peu changé.

ALFRED.

Mais sa fortune doit aussi l'être....

LE GENERAL.

Pour cela, nous n'en avons pas parlé... parce que cela me regarde.

LE VICOMTE.

Que voulez-vous dire ?

---

(1) Le vicomte, le général, Alfred.

LE GENERAL.

AIR : *Ces Postillons, etc.*

D'un commerçant si l'état vous fait honte,
Vous pourriez bien refuser sans façon
L'industriel... mais non le noble comte ;
Car je le suis... et dans l'occasion,
Je fais valoir et mon titre, et mon nom.

LE VICOMTE, *lui prenant la main.*

Malgré vos torts, malgré votre richesse,
Ah! dans ce cœur si prompt à m'obliger,
Il est un fonds d'immuable noblesse
    Qui ne peut déroger.

LE GENERAL.

A la bonne heure... Vous acceptez, et vous voilà aussi de la famille... Tu disais donc, mon cher Alfred, qu'il y avait de bonnes nouvelles ?

ALFRED.

Oui, mon cher oncle... les élections s'annoncent bien, et j'espère qu'aujourd'hui la Chambre aura en vous un bon député de plus.

LE VICOMTE.

Les élections... la Chambre... qu'est-ce que cela ?

LE GENERAL.

Ce serait trop long à vous expliquer en un jour... car il a fallu quarante ans pour en arriver là... quarante ans d'orage.

AIR : *De la Sentinelle.*

Vous souvient-il qu'autrefois je disais :
Cet horizon annonce la tempête ;
Elle est venue... horrible en ses excès,
Et trop long-temps gronda sur notre tête.
Mais des débris dispersés, confondus,
L'ordre renaît.

LE VICOMTE.

    Et tous, après l'orage
A leurs places sont revenus.

LE GENERAL.

Oui tous... excepté les abus,
Qui sont restés dans le naufrage.

(*Le général va s'asseoir auprès de la table à droite.*)

LE VICOMTE.

Je ne comprends pas ; mais c'est égal... (*à Alfred.*) Et les plaisirs, et la jeunesse... comment vous autres gentilshommes, menez-vous tout cela ?

ALFRED.

A merveille.

LE VICOMTE.

C'est bien... c'est très bien... je me reconnais là... ça me rajeunit... Et les dettes... les créanciers... en as-tu beaucoup?

ALFRED.

Pas un seul.

LE VICOMTE.

Ton oncle les a donc payés ce matin?

ALFRED.

Apprenez que je paie moi-même ce que je dois.

LE VICOMTE.

Est-il bourgeois... le pair de France! Et ta petite maison, j'espère qu'elle est jolie... et que tu m'y mèneras... que tu nous donneras un petit souper.

ALFRED.

C'est qu'on ne soupe plus.

LE VICOMTE.

Ah! mon Dieu!

ALFRED.

Mais c'est tout comme... on dîne à sept heures.

LE VICOMTE.

Plus de petits soupers... plus de petites maisons... je ne reconnais plus la jeunesse d'à présent... je la retrouve toute dérangée... Et à quoi, je vous le demande, s'occupent les jeunes gens?

ALFRED.

AIR : *Il me faudra quitter l'empire.*

Aussi galans que vous, aussi fidèles,
Mais moins légers, moins futiles enfin,
Ils vont gaîment du boudoir de nos belles,
A l'atelier de *Gérard*, de *Gudin*.
Ils vont entendre, admirer *Villemain*.
Vers les beaux-arts, les plaisirs, la science,
Courons, amis, courons en tilbury,
Dépêchons-nous... le siècle rajeuni
Avec ardeur vers la gloire s'élance,
Tâchons d'aller aussi vite que lui.

Mais, à propos de plaisirs, comment ma tante et ma cousine se sont-elles trouvées de la représentation d'hier?.. Je ne vous ai pas encore demandé de leurs nouvelles.

LE VICOMTE.

Comment, mon cher comte, vous êtes marié?... ct

vous ne me le dites pas... et vous ne me faites pas faire connaissance avec votre jeune femme?
LE GÉNÉRAL.
Jeune! jeune.... dans notre genre.... et puis ensuite, vous la connaissez déjà... Tenez, la voici. (*Alfred va au devant de sa tante, et lui offre la main.*)

SCENE V.

LES PRÉCÉDENS, JULIE [1].

LE GÉNÉRAL.
Arrivez, chère amie... c'est aujourd'hui le jour des reconnaissances... et voici le vicomte de la Morlière qui désire vous présenter ses hommages et ses complimens.
LE VICOMTE.
O ciel! en croirai-je mes yeux!
LE GÉNÉRAL.
Quoi! vous la reconnaissez encore... Eh bien! mon ami, en fait de compliment, vous ne pouviez pas lui en adresser un plus flatteur.
LE VICOMTE.
C'est la petite Julie... c'est la femme de Gérard!
LE GÉNÉRAL.
C'est la mienne à présent... Gérard qui fut notre sauveur, notre protecteur, notre ami, est mort à Austerlitz comme un brave qu'il était.
LE VICOMTE.
Aus... terlitz!...
LE GÉNÉRAL.
Oui, encore une que vous ne connaissez pas... et j'ai pu enfin acquitter la dette de l'amour et de l'honneur...

AIR : *Le choix que fait tout le village.*

Ma destinée à la sienne est unie,
  Après tant de maux, de tourmens;
Autrefois, je lui dus la vie...
  Et le bonheur depuis vingt ans.
JULIE.
Oui, pour nos cœurs, où la paix est rentrée,
Sur nos vieux jours le bonheur luit enfin,

(1) Julie, le général, le vicomte, Alfred.

Profitons-en... une belle soirée
Fait oublier l'orage du matin.

LE GÉNÉRAL, *au vicomte qui est dans la dernière agitation, et qui veut sortir.*

Eh! mais vicomte, qu'avez-vous donc?

LE VICOMTE.

Je ne puis rester dans cette maison, je m'en vais.

LE GÉNÉRAL ET ALFRED.

Et pourquoi donc?

LE VICOMTE.

Je ne puis supporter de pareilles mésalliances, et j'en rougis d'indignation!.. un Surgy s'allier à une famille...

LE GÉNÉRAL.

Aussi illustre que la nôtre, mon cher... quand on est la sœur d'un maréchal de France... (*Alfred passe auprès de Julie.*)

LE VICOMTE, *se levant.*

O ciel! que dites-vous! (*saluant Julie.*) Comment! madame n'était point la sœur de ce petit Raymond?

LE GENERAL.

Si vraiment.

AIR : *Des Scythes.*

Mais ce Raymond dont votre esprit se raille,
Et qui partit son paquet sur le dos,
Lui qui jadis, au quai de la Féraille,
Fut, grace à vous, rangé sous nos drapeaux,
Et malgré lui forcé d'être un héros,
Eut bientôt pris sa gloire en patience;
Et de soldat, mon beau-frère Raymond
S'est trouvé prince et maréchal de France.

LE VICOMTE.

Et de quel droit?

LE GENERAL.

Par le droit du canon.
Le voilà prince et maréchal de France,
Et c'est, morbleu! par le droit du canon.

LE VICOMTE.

C'est fini, je n'en reviendrai pas... je crois lire les Mille et une Nuits. (*au général.*) Voyez pourtant si je vous avais cru!... Voilà un gaillard qui me doit ce qu'il est... c'est moi qui suis la cause de sa fortune.

JULIE.

Après cela... il y a bien aidé.

LE VICOMTE.

Cependant, sans moi...

ALFRED.

Mais ma cousine, où est-elle donc ? je ne la vois pas.

JULIE.

Alfred pense toujours à sa cousine.

LE GENERAL.

Il n'y a pas de mal... et si mes vœux sont exaucés, si mes projets se réalisent, bientôt, je l'espère, nous pourrons voir parmi nous un bon ménage de plus... n'est-ce pas, mon cher Alfred?

ALFRED.

Ah! mon oncle!...

SCENE VI.

LES PRÉCÉDENS, MORIN.

MORIN, *à Alfred qui se trouve seul à la droite du theatre.*

Monsieur le duc, voici z'une lettre que j'ai depuis ce matin.

LE GENERAL, *à Julie et au vicomte.*

Oui, je veux confondre nos biens, nos fortunes; ne plus faire qu'une seule et même famille... Depuis dix-huit ans c'est le rêve de ma vie, et nos enfans ne l'ignorent pas.

ALFRED, *qui a lu la lettre.*

Ah! mon dieu!

JULIE.

Qu'est-ce donc?

ALFRED.

Rien, ma tante... c'est une affaire qui me concerne particulièrement, et dont je parlerai au général.

JULIE.

Je vous laisse, et vais rejoindre ma fille qui est à sa leçon de piano.

LE VICOMTE, *prêt à s'en aller.*

Suis-je de trop?

ALFRED.

Un ami de mon père ne peut jamais l'être.

SCENE VII.

LE GÉNÉRAL, ALFRED, LE VICOMTE.

ALFRED.
Voici une lettre à laquelle j'étais loin de m'attendre..., mais dont il m'est impossible de ne pas vous donner connaissance. Tenez, mon oncle... lisez.
LE GENERAL, *regardant la signature.*
Derneval!.. l'espoir de notre barreau..., un jeune homme plein de talent, à qui je dois beaucoup de reconnaissance.
ALFRED.
Vous en aurez peut-être moins après avoir lu cette épître.
LE GENERAL, *regardant la lettre et l'adresse.*
A Monsieur Alfred de Surgy.
« Monsieur le duc, vous êtes riche, noble et brave,
« jouissant de l'estime universelle.... vous avez tout pour
« vous... je n'ai rien... Je ne suis qu'un pauvre avocat in-
« connu encore, mais le malheur rapproche les distances ;
« et celui qui se voit sans espoir n'a plus rien à ménager...
« Vous allez épouser une jeune personne que j'adore depuis
« cinq ans, et quoique je ne lui aie jamais parlé de mon
« amour, j'ai quelques raisons de penser qu'il est partagé...
« Vous êtes le premier à qui j'ai fait une pareille confi-
« dence... et j'ose croire que vous vous en montrerez digne,
« en me disputant un prix que je n'ai, il est vrai, aucun
« droit d'obtenir..., mais que personne du moins n'obtien-
« dra de mon vivant. »
DERNEVAL.
(*Le général reste anéanti, et la tête dans ses mains.*)
LE VICOMTE.
Qu'est-ce que j'entends là ? un avocat, défier un homme comme il faut... Donnez-moi cette lettre... Je me rends à Versailles... j'obtiens un ordre du ministre, et ce soir il est à la Bastille.
ALFRED.
Eh ! monsieur, cela ne se passe pas ainsi.
(*Il va à la table à droite, et écrit pendant que le général et le vicomte parlent ensemble.*)
LE GENERAL.
Ah ! c'est la ruine de toutes mes espérances... pouvais-je

m'attendre à un pareil amour? Je vais trouver ma fille...
en parler avec elle... lui en parler en ami...
LE VICOMTE.
Y pensez-vous, corbleu! est-ce ainsi qu'un père de famille parle à ses enfans?... Rappelez-vous que dans une circonstance à peu près pareille... c'était en 87 ou 88, la duchesse de Surgy, votre mère, me fit l'honneur de m'appeler aussi dans un conseil de famille où vous étiez, vous et votre frère.
LE GENERAL.
Ah! je ne l'ai point oublié.
LE VICOMTE.
Eh bien, monsieur, vous devez vous rappeler quelle dignité, quelle fermeté elle y déploya.
LE GENERAL.
Oui... et ce fut cette fermeté qui, pendant vingt ans, nous condamna tous au malheur.
LE VICOMTE.
Ça, c'est une autre affaire... mais elle soutint ses droits.
ALFRED.
Et mon oncle oubliera les siens pour faire le bonheur de sa fille... pour l'unir à celui qu'elle aime.
LE VICOMTE.
L'unir à un avocat!...

SCENE VIII.

LES PRÉCÉDENS, UN DOMESTIQUE, *puis* DERNEVAL.

LE DOMESTIQUE, *annonçant.*
M. Derneval.
LE GENERAL.
Dieu! c'est lui!

DERNEVAL *salue tout le monde, et fait un geste de surprise en apercevant Alfred.*

Monsieur Alfred... pardon... je ne m'attendais pas à vous rencontrer ici.
ALFRED.
J'ai reçu votre lettre, monsieur... et j'achevais ma réponse... j'aurai l'honneur de vous voir aujourd'hui à trois heures.

####### DERNEVAL.

Je vous remercie, monsieur le duc... je vous avais bien jugé; et je n'attendais pas moins de vous.

####### LE GÉNÉRAL, *passant entre Alfred et Derneval. Il prend la main à Alfred, lui fait signe de garder le silence, et s'adressant à Derneval.*

Il me semble, monsieur, que c'était à moi d'abord que vous auriez dû vous adresser.

####### DERNEVAL.

Je venais, monsieur, réclamer cette grace... j'aurais désiré vous parler seul.

####### LE GÉNÉRAL.

Maintenant le secret serait inutile... je n'en ai point pour ma famille, pour mes amis... parlez sans crainte. (*Le vicomte s'assied sur un fauteuil à gauche.*)

####### DERNEVAL.

Si jusqu'à présent, monsieur, je n'ai osé me déclarer... c'est qu'orphelin, et sans fortune, on aurait pu croire qu'en demandant en mariage une riche héritière, j'étais guidé par un autre motif que celui de l'amour le plus pur... Depuis quelques instants seulement, ma position vient de changer... j'ai un oncle qui m'a élevé, et de qui, malgré ses immenses richesses, je n'avais le droit de rien exiger; car en me donnant de l'éducation, et le moyen de faire moi-même ma fortune, il avait rempli tous les devoirs d'un bon parent... le reste me regardait... mais aujourd'hui, prêt à le quitter, peut-être pour jamais... j'ai cru devoir lui faire mes adieux, et lui rendre compte des motifs qui me faisaient agir... en entendant votre nom... celui de votre fille... il a tressailli... et se soutenait à peine... une extrême agitation se faisait remarquer dans tous ses traits... « Plût au ciel, « me dit-il, qu'un tel mariage fût possible!... ce serait le « repos du reste de mes jours... va dire au général que « s'il veut consentir à cette union... je te donne cinq cent « mille francs... et après moi, toute ma fortune, dont je « voulais disposer en faveur des hospices. »

####### TOUS.

Il serait possible!

####### DERNEVAL.

Puis s'arrêtant; il m'a dit: « Non, de telles considé-« rations ne suffiront pas auprès du général... il en est « d'autres plus puissantes... il faut que je lui parle moi-

« même. » Et alors il s'est mis à son bureau, et a écrit cette lettre qu'il m'a prié de vous apporter moi-même.
ALFRED.
Voyez, mon oncle; lisez vite.
LE GÉNÉRAL, *lisant la lettre.*
Un rendez-vous qu'on me demande... mais cette écriture... que je crois connaître... le baron de Goberville.
LE VICOMTE, *se levant.*
Goberville... cet ancien procureur... qui faisait l'usure, et les affaires de votre famille!
LE GÉNÉRAL.
L'auteur de tous nos maux...
LE VICOMTE.
Un spoliateur... un fripon.
DERNEVAL.
Monsieur... il est mon oncle... il fut mon bienfaiteur; et devant moi je ne dois pas souffrir...
LE GÉNÉRAL.
Il a raison... (*à Derneval.*) pardon, monsieur... je n'ai pas été maître d'un premier mouvement. (*montrant la lettre.*) Lui! votre oncle!... ah!... voilà ce que je ne savais pas.
LE VICOMTE.
J'espère, maintenant, qu'il n'y a plus à hésiter, et que toute alliance est désormais impossible avec un... (*regardant Derneval et se reprenant.*) avec un procureur... cela suffit... et s'il osait se présenter...

SCENE IX.

LES PRÉCÉDENS, MORIN.

MORIN, *à voix basse.*
Monsieur, voilà quelqu'un qui descend de voiture, et qui demande à vous parler.
LE GÉNÉRAL.
Quel est-il?
MORIN.
Vous ne le croiriez jamais!... il a un parler si humble et si doux, et puis ses gens, sa livrée, jusqu'à ses chevaux... tout cela a z'un air si digne... que j'osais t'à peine le regarder... lorsqu'en levant les yeux, je re-

connais dans ce seigneur si respectable, mon ancien collègue, le citoyen Sénèque...

LE GÉNÉRAL, *bas.*

Silence. (*haut.*) C'est monsieur Goberville... qu'il entre...

LE VICOMTE.

Oui, qu'il entre ! (*bas à Alfred.*) J'en suis charmé, nous allons à nous deux le jeter par la fenêtre.

ALFRED.

C'était bon avant la révolution... mais maintenant on ne jette plus personne par les fenêtres... pas même ses créanciers.

LE VICOMTE.

Et qu'est-ce qu'on leur fait donc ?

ALFRED.

On les paie.

LE VICOMTE.

Quel absurde régime !

LE GÉNÉRAL.

Alfred, Derneval, j'exige que l'affaire de ce matin n'ait pas de suite... et j'espère vous revoir après mon entretien avec votre oncle.

DERNEVAL, *s'inclinant.*

Monsieur, je suis à vos ordres.

(*Il sort, le général le reconduit.*)

ALFRED.

Et moi, alors, je cours trouver ma tante et ma cousine, les prévenir de ce qui se passe. (*Au vicomte.*) Venez...

LE VICOMTE, *à Alfred qui l'entraîne.*

Oui... tu as raison, je ferai mieux de m'en aller; car la vue seule d'un procureur...

AIR : *J'ai vu le Parnasse.*

Si j'en vois jamais sur ma route...

ALFRED.

Ils sont supprimés.

LE VICOMTE.

Tout de bon ?

C'est un grand bienfait.

ALFRED.

Oui, sans doute.

De notre révolution.

LE VICOMTE.
Voici donc la première chose...
Que les destins en soient loués!
ALFRED, *à part*.
Ne lui disons pas, et pour cause
Qu'il nous reste les avoués.

(*Derneval, Alfred, et le vicomte entrent dans l'appartement à droite.*)

SCENE X.

LE GÉNÉRAL, M. DE GOBERVILLE.

UN DOMESTIQUE, *annonçant*.
Monsieur le baron de Goberville.
LE GÉNÉRAL.
Qu'il entre.
M. DE GOBERVILLE, *saluant le général après un moment de silence*.
La Providence, dont les desseins nous sont cachés, a sans doute eu ses raisons, monsieur le général, pour que nous nous retrouvions enfin, après un laps de temps aussi considérable.
LE GÉNÉRAL.
Oui, voilà vingt années à peu près que je n'avais entendu parler de vous.
GOBERVILLE.
Vous devez me trouver bien changé?
LE GENERAL.
Je désire pour vous que cela soit.
GOBERVILLE.
Et moi... s'il y a eu jadis entre nous des motifs de ressentiment, des sujets de haine, je désire, monsieur le général... qu'ils soient bannis de votre mémoire comme je les ai effacés de la mienne.
LE GENERAL.
Quoi! vraiment... vous avez eu la bonté d'oublier tout ce que...
GOBERVILLE.
Qui de nous, monsieur, n'est sujet à l'erreur? mais on est souvent plus méritoire par la réparation, qu'on n'avait été coupable par l'offense; et il me semble, mon-

sieur le comte, qu'en donnant à mon neveu et à mademoiselle votre fille une partie de mes biens...

LE GÉNÉRAL.

Cela vous rend, aux yeux du monde, paisible possesseur du reste... c'est comme si je vous en donnais quittance dans l'opinion publique.

GOBERVILLE.

Quand on a des places, de l'argent, de la réputation auprès de certaines personnes, qui ont daigné m'admettre dans leur intimité..... et de l'estime dans plusieurs journaux où je travaille incognito... on tiendrait à avoir un peu celle du public... et le mariage de mon neveu avec mademoiselle votre fille peut seul me la procurer.

LE GÉNÉRAL.

AIR : *Ce modeste habit de village.*

Quoi! vous aussi! de la publique estime
Malgré votre or, vous sentez le besoin?
(*à part.*)
De notre âge, éloge sublime !
Si le vicomte en était le témoin...
Oui, c'est l'honneur que seul on considère;
 Et dans notre siècle à présent,
 L'estime publique est si chère,
 (*montrant Goberville.*)
Qu'il n'en a pas, même pour son argent.

GOBERVILLE.

Alliance honorable pour moi, j'en conviens... mais qui, aujourd'hui, peut être utile pour vous.

LE GÉNÉRAL.

Comment?

GOBERVILLE.

Dans ce moment vous êtes comme moi, sur les rangs pour la députation.

LE GÉNÉRAL.

Vous, député!...

GOBERVILLE.

Pas encore, mais c'est arrangé. Eh! bien, nous pouvons l'être tous les deux.

LE GÉNÉRAL.

Que voulez-vous dire?

GOBERVILLE.

J'ai fait tant de bien depuis la clôture de la session, que ma nomination est sûre... J'ai pour moi les suffrages de tous les électeurs, qui ont dîné chez moi... et si vous le voulez, leurs voix, dont je puis disposer, jointes à celles de vos amis, peuvent également assurer votre succès.

LE GÉNÉRAL, *avec indignation.*

Monsieur, j'aurais été disposé en faveur de votre neveu (et je n'en étais pas éloigné peut-être), qu'une telle proposition aurait suffi pour tout rompre entre nous.

AIR : *Au dieu d'amour à la jeunesse.*

Les honneurs plaisent à mon âge,
Et je serais fier, j'en conviens,
D'obtenir le libre suffrage
De mes nobles concitoyens...
Mais les payer est un outrage,
C'est cesser d'être homme de bien.
Qui peut acheter un suffrage
N'est pas loin de vendre le sien.

SCENE XI.

LES PRÉCÉDENS, JULIE, ALFRED, LE VICOMTE, AMIS DU GÉNÉRAL, *qui l'entourent et le félicitent.*

CHOEUR.

AIR : *Honneur et gloire.* (De la Muette de Portici.)

Ah! quelle heureuse nouvelle!
Ce choix si mérité
Récompense son zèle :
Le voilà député.

GOBERVILLE
Quoi! l'on vient de l'élire?
Quel collége!

JULIE.
Le sien.

GOBERVILLE.
Ah! tant mieux, je respire,
Ce n'est pas dans le mien.

(*à part.*)
Moi son collègue, il va se désoler :
Quelque prétexte qu'il allègue,
Il sera bien forcé de m'appeler
Mon honorable collègue.

CHOEUR.
Ah! quelle heureuse nouvelle!
Ce choix si mérité

Récompense son zèle :
Le voilà député
CHOEUR.
Sur cet heureux événement,
Recevez notre compliment.
LE GÉNÉRAL, JULIE, ET VICTORINE.
De cet heureux événement
Que mon cœur est fier et content !
LE VICOMTE.
Non, je n'y comprends rien, vraiment,
Qu'ont-ils donc tous en ce moment ?

SCENE XII.

LES PRÉCÉDENS, DERNEVAL.

GOBERVILLE.
Mais, grace au ciel, voilà aussi des nouvelles de notre arrondissement... mon neveu en arrive... eh bien... je suis nommé ?
DERNEVAL.
Non, mon oncle.
GOBERVILLE
Et qui donc ?
DERNEVAL.
Le général.
GOBERVILLE.
Dans deux colléges à la fois... et mes nombreux amis ?
DERNEVAL.
Vous ont tenu parole ; car monsieur ne l'emporte que d'une ou deux voix.
GOBERVILLE.
Il serait possible... j'espère au moins, quoique tu m'en aies dit hier au soir, que j'ai eu la tienne ?
DERNEVAL
Je vous en avais prévenu..... et ne veux point vous tromper... comme mon parent, mon bienfaiteur, je vous respecte... je vous aime... vous pouvez disposer de tout ce que je possède... mais de mon vote, de ma conscience... cela ne se pouvait pas.
GOBERVILLE.
Eh bien ! tu seras déshérité..... voilà ce qu'il y aura gagné.

LE GÉNÉRAL.

C'est ce qui vous trompe, monsieur ; il n'y aura rien perdu.

GOBERVILLE.

Que voulez-vous dire ?

LE GÉNÉRAL, *serrant la main de Derneval.*

Que je ne punis point les enfans des fautes de leur père; et que le mérite et l'honneur, partout où ils se trouvent, ont droit à notre estime... Oui... (*montrant sa femme.*) Vous avez la nôtre... celle de mon neveu, qui renonce pour vous à tous ses droits... et si ma fille vous aime... quoiqu'il m'en coûte encore de renoncer à des idées qui m'étaient chères... je les sacrifie sans hésiter au bonheur de mes enfans.

DERNEVAL.

Ah! monsieur!

ALFRED.

O le meilleur des hommes!... (*au vicomte.*) Eh bien! que dites-vous de tout cela ?

LE VICOMTE.

Rien... j'en ai déjà tant vu, que je commence à m'y habituer.

LE GÉNÉRAL.

Et nous, mes amis, mes concitoyens, qui après tant d'orages, sommes enfin arrivés au port, et qui goûtons, à l'abri du trône et des lois, cette liberté sage et modérée que tous nos vœux appelaient depuis quarante ans... conservons-la bien; nous l'avons payée assez cher...Toujours unis... toujours d'accord, ne songeons plus au mal qu'on a fait... ne voyons que le bien qui existe..... éloignons les tristes souvenirs; et disons tous, dans la France nouvelle. . (*tendant une main à Derneval*), union... (*montrant dans le coin opposé Goberville resté seul, et le regardant d'un air de pitié*) et oubli.

CHOEUR.

Ah ! quelle heureuse nouvelle!
Ce choix si mérité
Récompense son zèle :
Le voilà député.
Sur cet heureux événement,
Recevez notre compliment.

FIN.

PIÈCES DE M. SCRIBE,

DONT NOUS SOMMES SEULS ÉDITEURS,

Et qui ne pourront jamais être publiées que par nous, soit ensemble, soit séparément.

Avant, Pendant et Après.
L'amant bossu.
L'Artiste.
Le boulevard Bonne-Nouvelle.
La barrière Mont-Parnasse.
Le comte Ory, op.
Caroline.
Le Colonel.
Concert à la cour.
Les deux Maris.
La Dame blanche.
Encore une Nuit de la garde nationale.
Flore et Zéphyre.
Le Fou de Péronne.
Fiorella.
Le Gastronome sans argent.
L'Intérieur de l'étude.
Le Loup Garou.
Leycester.
Le Mariage d'argent.
La Muette de Portici.
Le Mariage enfantin.

Les Montagnes russes.
Le Mystificateur.
Le Maçon.
La Meunière.
Mémoires d'un colonel.
Philibert marié.
La petite Folle.
La petite Sœur.
Le Paradis de Mahomet.
La petite Lampe.
Le Parrain.
La Pompe funèbre.
La Princesse de Tarare.
Le prince Charmant.
Tous les Vaudevilles.
Le Témoin.
Le Timide.
Une Nuit de la garde nationale.
Le vieux Garçon.
Le Valet de son rival.
Le Vampire.
La Vieille, etc., etc., etc.

www.ingramcontent.com/pod-product-compliance
Lightning Source LLC
LaVergne TN
LVHW020947090426
835512LV00009B/1754